Stefan Jahn

Seekajak

Ausrüstung • Techniken • Navigation

Band 65

OUTDOOR HANDBUCH

Seekajak

Dieses OutdoorHandbuch wurde konzipiert und redaktionell erstellt vom
Conrad Stein Verlag, Eichkoppelweg 51, 24119 Kronshagen,
☏ 0431/545-8888, FAX 0431/545-8800, e-mail: outdoor@tng.de,
internet: http://outdoor.tng.de
für die OutdoorHandbuch Stein KG, Kronshagen.
(ab Juli 1998: In der Mühle, 25821 Struckum)

Auslieferung für den Buchhandel: (D) Prolit, Fernwald, und alle Barsortimente,
(CH) AVA-buch 2000, Affoltern, (A) Freytag & Berndt, Wien

Der Autor ist für Lesertips und Verbesserungen unter Angabe der Auflagen- und Seitennummer dankbar. Leser, deren Einsendung verwertet wird, werden in der nächsten Ausgabe genannt und erhalten als Dank ein Exemplar der neuen Auflage oder ein anderes Buch ihrer Wahl aus dem Programm des Verlags.

Text	Stefan Jahn
Zeichnungen	Eva Schrödter, Carsten Tolkmit
Lektorat	Susanne Heise
Druck	Breklumer Druckerei Manfred Siegel KG, Breklum

Dieses OutdoorHandbuch hat 81 Seiten mit 39 Zeichnungen und 2 Tabellen. Es wurde auf chlorfrei gebleichtem Papier gedruckt.

ISBN 3-89392-165-6 1280

Inhalt

Symbole

✋ Achtung!

📖 Buchtip

☺ Tip

☞ Verweis

☺ Aktualisierungen zu diesem OutdoorHandbuch *Seekajak* und anderen Büchern finden Sie in der Homepage des Conrad Stein Verlags im Internet:

💻 http://outdoor.tng.de

Das Seekajak - Ausrüstung

Einleitung

Das Seekajak ist ein Gefährt mit einer **sehr langen Geschichte** - es existiert seit mehr als 2.000 Jahren. Seine Geschichte ist eng mit der Geschichte der **Inuit** (Eskimos) verbunden, denn das Seekajak ist ihr traditionelles **Jagdfahrzeug**. Seekajaks sind leicht, leise und seetauglich, Eigenschaften, die für die Jagd unentbehrlich waren und auch noch heute die Besonderheit dieser Boote sind.

Es haben sich im Laufe der Zeit zahlreiche verschiedene Typen von Seekajaks herausgebildet. Sie wurden den Jagderfordernissen entsprechend entwickelt. Die Inuit besaßen ein großes handwerkliches Geschick in der Herstellung dieser Boote. Im Zusammenhang mit den Jagdfahrten entstanden auch die **Paddel- und Sicherheitstechniken**, die es noch heute, jedoch etwas den modernen Möglichkeiten angepaßt, gibt.

Seekajaks wurden auch von Kindern und Jugendlichen gefahren. Die Boote waren für den einzelnen **maßgeschneidert**. Mit diesen Fahrzeugen gingen die Inuit auf die nicht ungefährliche Jagd nach Seeottern, Robben und Seehunden.

Leider sind viele Erkenntnisse über Seekajaks im Laufe der Zeit verlorengegangen, das **Abenteuer** und die **Herausforderung** des Seekajakfahrens jedoch sind nicht verlorengegangen. Sie bilden noch heute den Anreiz, der die Leute für das Seekajakfahren begeistert, und sie werden auch weiterhin erhalten bleiben. - Seekajakfahren bedeutet Abenteuer und ist als solches eine Herausforderung mit einer langen Geschichte.

Besonderheiten des Seekajaks

Was macht ein Kajak zu einem Seekajak, oder, anders gefragt, was sind die bestimmenden Merkmale eines Seekajaks? Diese Frage läßt sich unter zwei verschiedenen Aspekten beantworten.

Zum einen ist ein Seekajak durch seine **baulichen Besonderheiten** charakterisiert, zum anderen durch seinen **Einsatzort**. Diese Unterscheidung ist rein künstlich.

Ursprünglich für die Jagd auf dem Meer verwendet, eignet sich das Seekajak heutzutage ebenso für Touren auf Binnengewässern.

Natürlich werden Kleinstflüsse und auch z.T. Kleinflüsse dem Seekajak aufgrund seiner Länge verschlossen bleiben. Aber zu Recht findet es immer stärkeren Zulauf für Fahrten auf Flüssen und Seen. Daher ist der Begriff des "großen Tourenkajaks", wie er in Amerika teilweise verwendet wird, viel treffender.

Jetzt aber zu den **bautechnischen Besonderheiten**:

Das **große Ladevolumen** sowie der **angenehme Geradeauslauf** sind die Stärken, die das Seekajak ausmachen.

Abschottung, **Bootslänge** und **Rumpfform** gehören zu den wesentlichen Merkmalen des Seekajaks. Ein Seekajak hat eine **Mindestlänge** von 4,50 m bis 4,80 m, Längen über diesem Maß sind allgemein üblich.

Die **Bootsform** ist relativ schmal, bei einer Bugspitze, die die Wellen gut durchläuft. Der Rumpf ist für das Fahren in Wellen konstruiert, wobei der sehr gute Geradeauslauf entscheidend für ein Seekajak ist.

Eines der wichtigsten baulichen Merkmale ist die **zweifache Abschottung** eines jeden Seekajaks. Die Schotte vor den Füßen und hinter dem Sitz unterteilen das Boot in drei Sektionen. Bei einer **Kenterung mit Ausstieg** kann nur die mittlere Sektion mit Wasser vollaufen. Die anderen Sektionen bleiben davon verschont. Dadurch behält das Boot eine begrenze Manövrierfähigkeit und Stabilität. Da man auf See nicht so schnell ein Ufer erreichen kann, sind diese sicherheitstechnischen Aspekte sehr wichtig.

Natürlich sind auch mehr als zwei Schotte möglich. Ein Zweierkajak sollte mindestens über drei Schotte verfügen, denn das Cockpit sollte zwischen den beiden Fahrern nochmals getrennt sein. Spitzenbeutel können die Aufgaben der abgeschotteten Sektionen als Auftrieb nur sehr begrenzt wahrnehmen.

Sie können durch Löcher und Risse schnell undicht werden und so ihre Funktionsfähigkeit verlieren. Sie stellen somit keine wirkliche Alternative zu den Abschottungen dar. Auch verliert man durch Spitzenbeutel einen Teil des Stauraums.

Wahl des Bootes

Über kaum ein Thema kann man sich so lange und trefflich streiten, ohne daß man sich wirklich einig wird, wie über das richtige Boot. Es fängt bei der Optik an, geht über die Decks- und Rumpfform zum Volumen und hört bei der vorhandenen bzw. nicht vorhandenen Steueranlage noch lange nicht auf. Daher kann und soll es hier nicht die Aufgabe sein, das beste Boot zu konstruieren.

Es soll nur versucht werden, verschiedene Prinzipien oder auch Strategien der Bootskonstruktion vorzustellen und deren Vor- und Nachteile aufzuzeigen. Es läßt sich dabei nicht verhindern, ab und zu auch etwas zu "fachsimpeln". Trotzdem sollen hier keine unumstößlichen Regeln oder Weisheiten festgelegt werden.

Die Wahl des Bootes hängt nämlich bei allen objektiven Fakten auch sehr stark vom **eigenen subjektiven Gefühl** ab. Es gibt daher nicht "das eine Boot", und das wird es auch nie geben. Jedes Boot ist eigentlich nicht mehr als ein **Kompromiß** aus zahlreichen Wünschen und Vorstellungen, ein Versuch also, die **"eierlegende Wollmilchsau"** zu finden. Das sollte beim Bootskauf stets bedacht werden.

Ich kann nur jedem empfehlen, das gewünschte Boot vor dem Kauf **auszuprobieren** und **probezufahren**. Nur wenn man sich mit dem Boot wirklich wohlfühlt, wird die Fahrt zu einem Genuß. Daher sollte hier die Meinung, nicht aber die Erfahrung anderer in den Hintergrund treten. Die Entscheidung sollte man wirklich selbst treffen, denn schließlich muß man sich später in dem Boot auch wohlfühlen.

Ausstattung des Seekajaks

Nachdem etwas zu den Merkmalen und Baukriterien von Seekajaks gesagt wurde, soll nun auf die Ausstattung der Boote eingegangen werden.

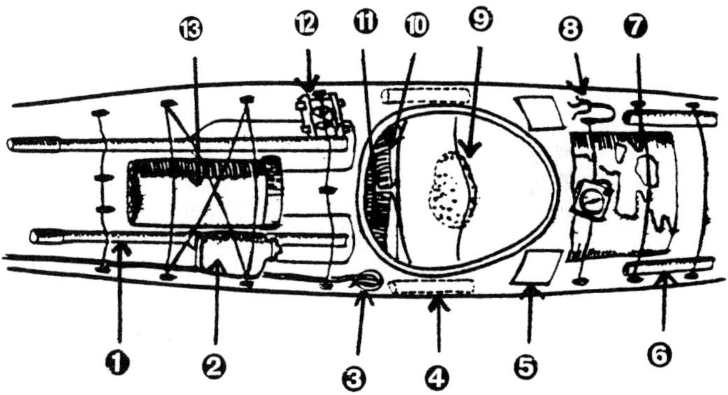

Abb. 1: Ein korrekt ausgerüstetes Seekajak

❶ *Ersatzpaddel*
❷ *Trinkflasche*
❸ *Bootsleine*
❹ *Ersatzraketen*
❺ *Schreibfolie für Kursangaben*
❻ *Signalraketen (Rot für die Nacht, Rauch am Tage)*
❼ *Seekarte und Handkompaß*
❽ *Leine zum Befestigen des Paddels*
❾ *Schwamm*
❿ *Reparaturset*
⓫ *Erste-Hilfe-Paket*
⓬ *Angelzeug*
⓭ *wasserdichter Behälter für Verpflegung usw.*

☞ Alles, was auf See gebraucht wird, muß griffbereit an Deck oder am Mann aufbewahrt werden - im Boot ist es nutzlos!

Es ist bereits deutlich geworden, daß die **Sicherheit** beim Seekajak die entscheidende Rolle spielt. Das trifft auch auf das Zubehör zu.

Bei der Anschaffung des Bootes sollte man besonders zwei Sicherheitsaspekte bedenken: erstens die **Notwendigkeit, gesehen zu werden**. Die Farbe des Bootes sollte so gewählt werden, daß es gut zu erkennen ist. Das wird besonders dann wichtig, wenn man auch bei schwierigen Wellen- und Wetterverhältnissen fährt.

Da aber auch Boote in ihrem Styling einem gewissen Modediktat unterliegen, sind **auffällige Farben** wie gelb oder orange - und diese vielleicht auch noch als Neonfarben - sehr unbeliebt. Da steht der Sicherheitsaspekt hinter modischen und geschmacklichen Vorlieben zurück. Durch die Verwendung von **Reflektoren** sollte dieses Manko wieder kompensiert werden. Auch eine auffällige Farbe von Schwimmweste und Paddelblättern wirkt sicherheitsverstärkend.

Zu weiteren Signalmitteln zur Erhöhung der optischen Auffälligkeit ☞ Sicherheitszubehör.

Der zweite Sicherheitsaspekt ist die **Sicherung des Paddlers und seines Bootes**. Dazu wird ein Seekajak mit **Decksleinen** ausgerüstet. Die Decksleinen verlaufen am Außenrand des Oberdecks im Vorschiff- und Achterschiffsbereich, nicht jedoch auf Höhe der Sitzluke. Die Decksleine ermöglicht das Festhalten des Bootes bei fast jeder Lage, auch und vor allem nach einer Kenterung.

Befindet man man sich bei einer Kenterung auf Höhe der Einstiegsluke, so ist hier die Decksleine überflüssig, da man ja in die Sitzluke greifen kann. Beim Fahren würde eine Decksleine bei der Einstiegsluke die Verletzungsgefahr bzw. die Gefahr des Hängenbleibens erhöhen. Daher ist die Decksleine auf Höhe der Sitzluke überflüssig.

Die Decksleine erfüllt neben ihrer Aufgabe als Sicherheitsleine eine weitere Funktion: Sie ist Befestigungsleine für das Gepäck, das auf dem Oberdeck gefahren wird.

Außer den bereits erwähnten bautechnischen Möglichkeiten sind damit die sicherheitstechnischen Möglichkeiten direkt am Boot ausgeschöpft. Weitere Maßnahmen dienen dazu, das Kajak auf den Paddler **passend zu machen**: Das Boot wird individuell "getunt", indem man den Sitz, die Fuß- und die Schenkelstellung optimiert. Dies geschieht durch das Einkleben von Neopren oder anderer Polsterstoffe, durch die Montage zusätzlicher Schenkelstützen und durch die Anpassung der Rückenlehne.

Die Bootsform

Das **Unterwasserschiff** eines Kajaks hat den größten Anteil an den Fahreigenschaften des Bootes. Es charakterisiert sich vor allem durch **Länge**, **Breite** und **Form**. Bei der Form wird weiter unterschieden in den **Spant**, die Rumpfform des quer geschnittenen Kajaks und den **Kielsprung**, die Linie des Kielverlaufs entlang des Kajaks.

Der Spant

Der Spant beeinflußt sehr stark Stabilität und Geradeauslauf. Es gibt 3 verschiedene Spantformen: V-Spant, Rundspant und U-Spant. *(von oben nach unten)*

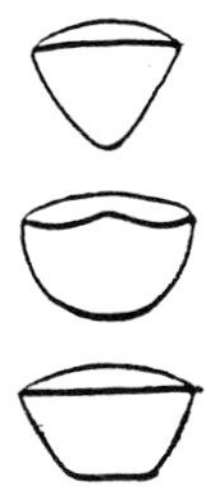

Abb. 2

Der traditionelle Spant ist der **V-Spant**. Der V-Spant verleiht dem Boot eine **hohe Anfangs- und Endstabilität**.

❋ Da das Unterwasserschiff wie ein Keil im Wasser liegt, verfügt ein Boot mit einem starkem V mit **kleinem Winkel** zwischen den Schenkeln über eine **größere Endstabilität** als ein Boot mit einem V mit großem Winkel.

Der V-Spant hat aber nicht nur Auswirkungen auf die Stabilität des Bootes, er verleiht dem Boot auch einen **guten Geradeauslauf**. Der Knick im Unterwasserschiff wirkt als Kiel.

❋ Je stärker der Knick ausgeprägt ist, desto stärker ist der Geradeauslauf des Bootes. Boote mit starkem V-Spant sind also **schwer zu steuern**.

Zum Steuern wird das Boot stark angekantet. Dadurch verändert sich das Unterwasserschiff. Der Knick kommt aus dem Wasser, und dadurch wird das Boot drehfreudiger.

In zwei Merkmalen unterscheidet sich der **Rundspant** entscheidend vom V-Spant: Der erste Unterschied macht sich schon beim Einsteigen und Sitzen bemerkbar.

✱ Ein Boot mit ausgeprägtem Rundspant hat eine **geringere Anfangsstabilität** als ein Boot mit V-Spant.

✱ Der zweite Unterschied zeigt sich während der Fahrt. Boote mit Rundspant sind **drehfreudiger** als Boote mit V-Spant.

✱ Der große Vorteil des Rundspants ist die **höhere Geschwindigkeit**, die man durch ihn erreichen kann.

Das liegt an der geringeren Fläche, die durch das Wasser auf der Längsseite des Bootes bestrichen wird. Diese Fläche nennt man auch die Lateralfläche.

Zusammenfassend läßt sich feststellen, daß **Boote mit V-Spant** durch ihre **gute Anfangs- und Endstabilität** und **Boote mit Rundspant** durch ihre zumeist **höhere Geschwindigkeit** auffallen.

Die Form des **U-Spants** ist eine **Synthese** zwischen V- und Rundspant.

Es gibt heute kaum noch Boote, bei denen sich ganz klar eine Unterscheidung treffen läßt. Zumeist verfügen die Boote im Bug- und Heckbereich über einen V-Spant, im Mittschiffsbereich dagegen über einen Rundspant. So sollen die Vorteile der beiden Spantformen verbunden werden.

Der Kielsprung

Als Kielsprung bezeichnet man die Abweichung der wirklichen Kiellinie von der gezeichneten Kielgeraden am Bug und am Heck.

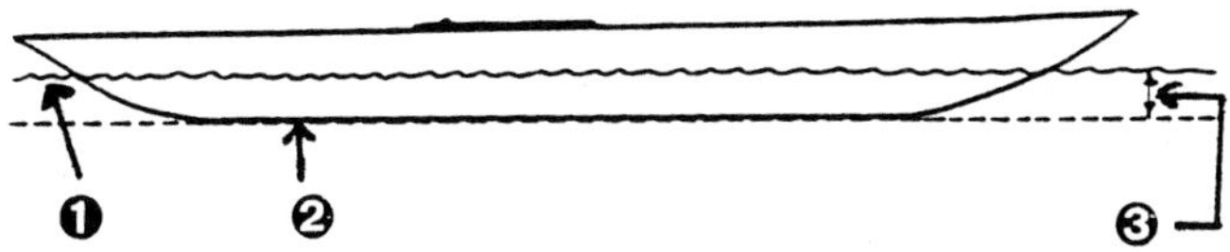

Abb. 3: Der Kielsprung

❶ *Wasserlinie*
❷ *Kiellinie*
❸ *Kielsprung*

Je stärker die Kiellinie nach oben geht, desto größer ist der Kielsprung. Der Kielsprung eines Bootes wirkt sich in erster Linie auf den **Geradeauslauf des Bootes** aus:

✱ Ein **starker Kielsprung** bewirkt einen **geringen Geradeauslauf**.

✱ Ein **schwacher Kielsprung** bewirkt dementsprechend einen **starken Geradeauslauf**.

Da bei einem Seekajak der Geradeauslauf ein entscheidendes Merkmal ist, sind Boote mit geringem Kielsprung im Seekajakbereich sehr häufig anzutreffen.

Der Kielsprung wird vor allem bei Booten mit V-Spant angewendet, um die geringe Manövrierfähigkeit teilweise **auszugleichen**.

Länge und Breite des Bootes

Die **Bootslänge** hat einen entscheidenden Einfluß auf das **Fahrverhalten in der Welle** sowie auf die **Kursstabilität**:

✱ Ein **langes Boot** verfügt über einen **guten Geradeauslauf**, d. h. es giert in der See weniger als ein kurzes Boot.

Was das **Fahrverhalten in der Welle** betrifft, so muß man das **Verhältnis Bootslänge-Wellenlänge** betrachten. Dabei wird deutlich, daß bei zunehmender Wellenlänge ein langes Boot im Vorteil ist. Da es auf einem größeren Wellenteil liegt oder sogar über mehrere Wellen geht, stampft es in der See weniger als ein kurzes Boot.

Abb. 4: Länge des Bootes im Verhältnis zur Welle

✱ **Lange Boote** gehen also nicht so schnell die Wellenbewegung und die gesamte Seegangshöhe mit, was sich angenehm auf das Fahrgefühl auswirkt.

Die **Bootsbreite** hat indirekt Einfluß auf die **Anfangsstabilität**:

✱ Mit **zunehmender Breite** wird der Spant flacher, ähnlich einem Brett, was die **Anfangsstabilität** erhöht.

Die große Breite macht es aber für den Fahrer schwerer, das Boot anzukanten. Anders ausgedrückt bedeutet dies, daß das Boot stets bemüht ist, flach auf dem Wasser zu liegen.

✱ Dadurch ist ein breites Boot bei steilen Wellen **kentergefährdet**, da es ja flach auf der Wasseroberfläche liegenzubleiben bestrebt ist. Der Fahrer kann dagegen kaum anarbeiten.

Breite Boote vermitteln durch ihre hohe Anfangsstabilität beim Anfänger ein **subjektiv sichereres Gefühl**. Dieses Gefühl kann sich bei steiler See schnell ändern, wo sich schmale Boote mit Rundspant am besten bewähren - vorausgesetzt, man ist mit ihnen vertraut.

✱ **Breite Boote** sind also für **Anfänger** bei **geringer oder gar keiner See** geeignet, kommen aber bei steilen Wellen sehr schnell an ihre Grenzen.

✱ Hier haben **schmale Boote** ihre Stärke. Sie verlangen dem Fahrer aber auch ein **größeres Können** ab und verzeihen weniger Fahrfehler.

Material

Für den Seekajakbau werden zahlreiche verschiedene Materialien verwendet. Es wird daher allgemein in **Feststoffboote** und in **Nicht-Feststoffboote** unterschieden. Zu den Nicht-Feststoffbooten zählen die frühesten Kajaks aus Seehundfellen mit Knochen- oder Holzgerüst. Heutzutage gibt es vor allem **Faltboote** mit Stoffrumpf auf einem Holz- oder Aluminiumrahmen. Der Stoff ist im Bereich des Unterwasserschiffs gummiert. Es werden auch bereits erste Kajaktypen angeboten, deren Rumpf nur noch aus flexiblem Kunststoff besteht.

Das Problem aller Faltboote sind die **fehlenden Abschottungen**. Dadurch sind sie nach sicherheitstechnischen Gesichtspunkten nur mit Einschränkungen seetauglich. Spitzenbeutel gehören zur Pflichtausstattung, und man sollte nur den Küstennahbereich befahren.

Das Problem liegt nicht im Fahrverhalten der Boote, sondern in den **Auswirkungen einer Kenterung**: Das Boot schlägt im gesamten Bereich voll Wasser. Lenztechniken sind nur begrenzt anwendbar, da bei einer Partnerlenzung das Boot auf eine Art und Weise belastet wird, für die der Rahmen nicht konstruiert wurde. Würde man einen Rahmen konstruieren, der die Stabilität von Feststoffbooten hätte, würde er bedeutend mehr Gewicht und größere Ausmaße haben. Hier muß also ein Kompromiß auf Kosten der Sicherheit eingegangen werden.

Zusammenfassend läßt sich feststellen, daß Faltboote für den Seekajakbereich aus Sicherheitsgründen **nur begrenzt tauglich** sind. Neben den Sicherheitsbedenken wirkt sich der **relativ hohe Preis** guter Faltboote und **die Empfindlichkeit des Unterwasserschiffs** nachteilig aus.

Natürlich hat das Faltboot auch seine Stärken. Genannt seien hier das **geringe Pack- und Staumaß**, was Faltboote für denjenigen interessant macht, der über wenig Lagerraum oder begrenzten Gepäckraum aufgrund der gewählten Fortbewegungsmittel wie Bahn, Flugzeug, Hubschrauber u.ä. verfügt. Das ändert aber nichts an der Feststellung, daß Faltboote im Seekajakbereich nur mit Einschränkungen verwendbar sind.

Feststoffboote

Bei den Feststoffbooten sind Holz, Polyethylen (PE) und glasfaserverstärkter Kunststoff (GfK) die wichtigsten Materialien. Das Holzkajak fand bisher kaum Verbreitung. Der große Pflegeaufwand und die hohen Fertigungskosten sowie die beschränkte Vielfalt der Bootsformen sprechen dagegen, auch wenn ein Holzkajak optisch sehr ansprechend wirkt.

GfK ist ein Kunststoff, mit dem sich fast jede Bootsform verwirklichen läßt. Wenn man die Glasfasermatten durch Kevlar oder Karbon ersetzt bzw. ergänzt, lassen sich zudem erhebliche Gewichtsersparnisse erzielen. Aber nicht nur die **Formenvielfalt** und das **geringe Gewicht** sprechen für GfK-Kajaks. Durch die einfache Verarbeitung läßt sich das Boot sehr gut **maßschneidern**, d.h. die Schotte können entsprechend der Körperlänge des Fahrers einlaminiert werden. Reparaturen lassen sich leicht selbst ausführen. GfK-Kajaks sind **sehr stabil**, aber **wenig schlagfest**.

Der andere verwendete Kunststoff ist **PE**, ein **preisgünstiges** Material. Die Formenvielfalt ist nicht so groß wie im Bereich der GfK-Boote, durch die modernen Fertigungsverfahren können aber mittlerweile alle typischen Bootsformen hergestellt werden. PE ist im Vergleich zu GfK **schlagstabiler**. Harte Schläge wie z.B. beim Anlanden ans Ufer oder beim Fahren gegen Steine können die Außenhaut von GfK-Booten beschädigen, während es bei PE bei einem Kratzer bleibt, der keinerlei Auswirkungen aufs Material hat. Bei GfK dagegen saugen sich die Glasfasermatten bei der Schädigung der Außenhaut mit Wasser voll.

Durch das neu entwickelte hochlineare PE läßt sich sogar das früher bestehende Problem der Formstabilität von großen Flächen so gut wie vollständig ausmerzen. Ein Problem bleibt die **geringe Eigensteifigkeit** von PE, was den Booten in der Länge Grenzen setzt.

Zur groben Orientierung gebe ich hier ein paar **Preisbeispiele** für von mir favorisierte Seekajaks:

Seekajaks aus GfK:
- *Godthab* von Lettmann: DM 3010
- *Arctic Expedition* von Lettmann: mit Steueranlage DM 3410
- *Nordstern Expedition* von Lettmann: mit Steueranlage DM 3440

Seekajaks aus PE:
- *Seeker* von Dagger: mit Steueranlage DM 2090
- *Magelan* von Dagger: mit Steueranlage DM 2390
- *Apostle* von Dagger: mit Steueranlage DM 2490
- *Atlants* von Dagger: mit Steueranlage DM 2790

PE und GfK sind zwei Materialien, die sich im Für und Wider **fast die Waage** halten: Das **Preis-Leistungsverhältnis** spricht mittlerweile für **PE**, **Gewicht und Rumpfendgeschwindigkeit** für **GfK**. Aus ökologischen Gesichtspunkten ist natürlich PE der bedeutend bessere Werkstoff, da es recyclebar ist. GfK zählt dagegen zum Sondermüll.

Vielleicht kann man sich nach folgender **Faustregel** richten:

✱ Wer das Boot **allein und häufig** fährt, es also etwa 40 oder mehr Tage im Jahr nutzt (das ist ein kompletter Urlaub und dazu noch etwa sechs Wochenenden), der tendiert eher zum **GfK-Boot**.

✱ Wird das Boot **von mehreren** genutzt und auch **nicht so häufig** gefahren, kauft man eher ein **PE-Boot**.

Steuereinrichtung

Es gibt drei verschiedene Steuerhilfen, um den Lauf des Kajaks zu beeinflussen: das **feste Skeg**, **das verstellbare Skeg** und die **Steueranlage**.

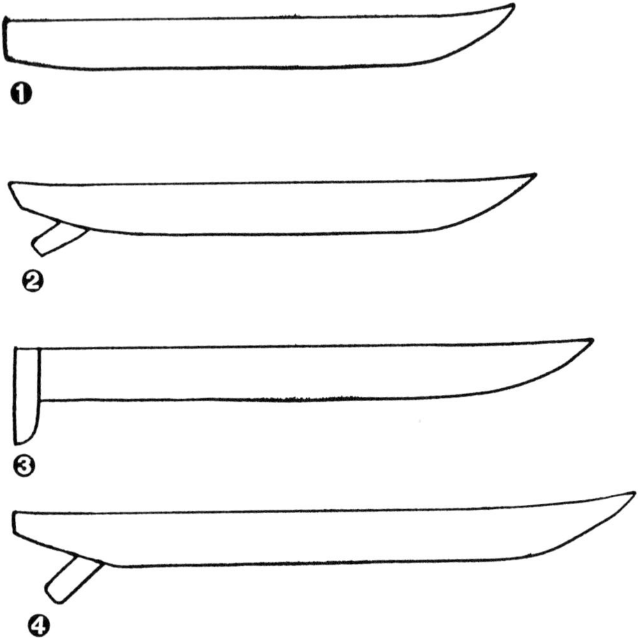

Abb. 5: Steuereinrichtungen

❶ *Festes Skeg*
❷ *Verstellbares Skeg*
❸ *Steueranlage*
❹ *Steueranlage an der Stelle des Skegs*

Das **feste Skeg** ist die älteste Form der Steuerhilfe. Durch das Skeg wird nur der **Geradeauslauf** des Bootes, vor allem bei seitlichen Winden, unterstützt. Anfangs war es eine Steuerflosse, die unter dem Kiel im achteren Bereich des Bootes befestigt war. Mittlerweile ist das feste Skeg meist eine Ausformung des Hecks bis zum Heckabschluß in Form eines V-Spants, ohne daß der Kiel nach oben gezogen wird.

Die zweite Möglichkeit zur Beeinflussung der Laufeigenschaften des Kajaks ist das **verstellbare bzw. versenkbare Skeg**. Hier ist es möglich, die Fläche und die Unterwasserform des Skegs dadurch zu verändern, daß man es herausläßt oder einzieht.

Ist das Skeg **versenkt**, verfügt das Seekajak über die größte Manövrierfähigkeit. Diese Skeg-Stellung verwendet man immer dann, wenn der Kurs die geringsten Steuerschläge verlangt. Das ist bei Wind und Wellen von vorn der Fall.

Wird das Skeg **zum Teil herausgelassen**, wirkt es als Kielverlängerung und verstärkt so den Geradeauslauf. Das ist bei Kursen mit seitlicher Wind- und Wellenbewegung wichtig und hilfreich.

Wird das Skeg **vollständig herausgelassen**, so wirkt es als Schwert und verhindert dadurch das Wegdrehen des Hecks. Diese Stabilisierungswirkung ist bei Wind und Wellen von hinten wichtig.

Die dritte Variante der Laufbeeinflussung ist die **Steueranlage**. Im Unterschied zum Skeg beeinflußt die Steueranlage **aktiv** den Lauf des Kajaks. Es werden **direkte Steuerwirkungen** erzielt. Hierdurch ist es möglich, Steuerwirkungen, die durch Wind und Wellen entstehen, auszugleichen.

Die Vorteile liegen klar auf der Hand: Der Kajakfahrer **spart Kraft**, da der Kurs nicht mühsam durch Korrektur- und Steuerschläge gehalten werden muß. Die **Manövrierfähigkeit** des Kajaks nimmt zu, wodurch sich die Einsatzmöglichkeiten im Fluß- und Kleinflußbereich entscheidend erweitern.

Der Nachteil ist, daß jede Steueranlage aus **zahlreichen mechanischen Einzelteilen** besteht. Alle diese Teile können kaputtgehen, und ist ein Teil defekt, ist zumeist die gesamte Anlage unbrauchbar. Dadurch könnte das Seekajak stärker in seiner Manövrierfähigkeit behindert sein, als wenn man es von Anfang an ohne Steueranlage konstruiert hätte.

Heutzutage sind die meisten Seekajaks mit Steueranlage so konstruiert, daß sie auch ohne Steueranlage gefahren werden können. Die Steueranlage stellt also einen Zusatz dar, ohne den das Boot zwar gut zu fahren ist, dessen Nutzung aber viele Vorteile bringt.

Das Paddel

Die Wahl des Paddels ist ähnlich schwierig und ebenso wichtig wie die Wahl des Bootes. Bei beiden gilt die alte Weisheit, daß es nicht ein Boot oder Paddel für alle Gelegenheiten gibt.

Paddellänge, Kraftaufwand und Schlagfrequenz

Bei der Wahl des Paddels sind zwei individuelle Merkmale des Paddlers zu berücksichtigen: Zum einen ist es seine **verfügbare Kraft**, zum anderen seine **Schlagfrequenz**:

✱ Wenn der Abstand der Hände am Schaft gleich bleibt, so verlangt ein **längeres Paddel mehr Kraftaufwand** als ein kürzeres Paddel.

Die größere Schlagkraft resultiert aus der höheren Geschwindigkeit des Paddelblatts des langen Paddels, mit dem es durch das Wasser geht. Wenn die Schlagfrequenz bei einem langen Paddel gleich bleibt, steigt der Kraftaufwand, was eine höhere Geschwindigkeit mit sich bringt. Ebenso kann bei gleicher Kraft das lange Paddel gegenüber dem kurzen Paddel bei gleicher Geschwindigkeit mit einer geringeren Frequenz geschlagen werden.

Paddelblattfläche, Kraftaufwand und Paddelfrequenz

Neben dem Zusammenhang zwischen Paddellänge, aufgewendeter Kraft und Schlagfrequenz läßt sich auch eine Beziehung zwischen Paddelblattfläche, aufgewendeter Kraft und Paddelfrequenz herstellen:

✱ Paddelblätter mit **größerer Fläche** beanspruchen bei gleicher Paddelfrequenz **mehr Kraft** als Paddelblätter mit weniger Fläche.

Das bedeutet, daß, wie bei der Paddellänge, eine größere Paddelfläche mit gleicher Frequenz geschlagen wie ein Paddel mit geringerer Blattfläche eine höhere Geschwindigkeit bewirkt, daß also eine geringere Schlagfrequenz für die gleiche Geschwindigkeit genügt.

Die Schlußfolgerung daraus lautet:

✱ Kurze Paddel und geringe Blattflächen kommen einer **hohen Schlagfrequenz** entgegen.

✱ Lange Paddel und große Blattflächen kommen einem **höherem Kraftaufwand** entgegen.

Eine **höhere Schlagfrequenz** ist vor allem bei Fahrten gegen Strom und Wind, also **Fahrten mit geringer Geschwindigkeit** angenehm. Hier ist der Kraftaufwand nicht so hoch, und man ermüdet nicht so schnell.
Eine **geringere Schlagfrequenz** mit mehr Kraftaufwand kommt einer **Fahrt bei hohen Geschwindigkeiten**, also mit Wind und Strom, entgegen.

Der Trend geht heute zum etwas längeren Paddel mit einer kleineren Paddelfläche.

Zwei verschiedene Aspekte sollen noch angesprochen werden:

✱ **Kleine Blätter** bieten dem Wind einen **geringeren Widerstand**, da sie eine kleinere Angriffsfläche haben.

✱ **Lange Paddel** haben eine **größere Steuerwirkung**, da sie nicht parallel, sondern bogenförmig zum Boot geschlagen werden. Dieser Effekt hebt sich teilweise durch das beidseitige Schlagen des Paddels auf. Die Konstruktion des Seekajaks in Bezug auf den Geradeauslauf minimiert nochmals die Steuerwirkung.

Noch eine kurze Bemerkung zu zwei weiteren Merkmalen - der **Drehung** und **Kehlung** von Paddeln:

* Die **Kehlung** der Blätter erhöht den Wasserwiderstand der Paddelblätter, und es ist daher möglich, die Fläche der Blätter zu verringern, was eine **Gewichtsersparnis** zur Folge hat.

* Die **Drehung** des Paddels verringert die Windangriffsfläche des oberen Paddelteils, der zum Eintauchpunkt wandert.

Heute sind Drehwinkel zwischen 60 und 90 Grad üblich. Man muß sich klarmachen, daß bei stärkerer Drehung die Handgelenke stärker belastet werden, da bei jedem Schlag das Paddel in der Hand gedreht werden muß.

Bei **rechtsgedrehten Paddeln** hält und dreht die rechte Hand das Paddel, die linke Hand wird abwechselnd gehalten und gelöst. **Bei linksgedrehten Paddeln** ist es umgekehrt. Ob man rechts- oder linksgedreht fährt, ist unabhängig davon, ob man Rechts- oder Linkshänder ist. Entscheidend ist eigentlich die Gewöhnung, d. h. mit der Drehung, mit der man paddeln lernt, fährt man dann auch in Zukunft. In Deutschland sind rechtsgedrehte Paddel in der Mehrzahl, in Norwegen z.B. die linksgedrehten.

Paddelwerkstoffe

Kunststoffpaddel haben ein **Blatt** aus einem schlagfesten und flexiblen Kunststoff. Der **Schaft** ist aus Glasfaser bzw. Karbon oder Aluminium. Diese Paddel sind meist **preisgünstig**, **robust** und **wenig pflegeaufwendig**.

Dabei hat jedes Material seine Vor-, aber auch Nachteile:

Bei **Aluminium** als Schaftmaterial besteht die Gefahr, daß es dem Paddler bei geringen Außen- und Wassertemperaturen die **Wärme aus den Händen zieht** und somit die Handgelenke gefährdet. Durch Kunststoffüberzüge wird dieser Effekt gemildert. Dafür ist Aluminium bei Krafteinwirkungen **flexibel**.

Glasfaser- oder Karbonschäfte sind **Wärmeisolatoren**, dafür sind sie aber **sehr steif**. Bei kräftigen Schlägen werden deshalb die Schlagwellen nur begrenzt abgefedert, wodurch das Ellenbogen- und Schultergelenk belastet wird.

Holz ist das Material, das sowohl **flexibel** als auch **wärmeisolierend** ist. Dafür ist es relativ **teuer** und **pflegeaufwendig**, also weniger robust. Der normale Paddler ist aber von den eben beschriebenen Materialunterschieden nicht merklich betroffen.

Reservepaddel

Bei Seekajakfahrten muß aus Sicherheitsgründen **stets** ein Reservepaddel mitgeführt werden. Da das Reservepaddel am Oberdeck verstaut werden muß, bietet sich ein **teilbares** Paddel an. Wenn dieses Reservepaddel anders als das erste Paddel konstruiert ist, so kann man nach den bereits beschriebenen Gesichtspunkten, besonders aber unter dem Aspekt der Schlagfrequenz, das Paddel entsprechend der Gegebeheit auswählen (☞ oben).

Zubehör

Die Variationsbreite des Zubehörs ist für das Seekajaking - wie inzwischen für fast alle Outdooraktivitäten - sehr weit gefächert. Es ist daher schwer, hier einen roten Faden zu knüpfen, dem jeder folgen kann. Gerade beim Zubehör kann man sich bestens **individuell**, nur auf sich selbst abgestimmt, **ausrüsten**. In den Ausführungen soll daher nicht so weit ins Detail gegangen werden, sondern es wird vielmehr das allgemein Notwendige beschrieben.

Der Preis des erforderlichen Zubehörs kann mit **gut DM 800** und mehr veranschlagt werden. Trotzdem sollte hier nicht am falschen Ende gespart werden. Das Zubehör ist das Werkzeug des Paddlers. Er muß damit arbeiten. Fehler in diesem Bereich können einem später den Spaß verderben. Es ist daher zu empfehlen, sich auch von erfahrenen Paddlern und Händlern **beraten zu lassen**.

Paddelleine und Spritzdecke

Die **Paddelleine** sichert das Paddel vor dem **Wegtreiben**, wenn man es aus der Hand verliert oder aus der Hand legt. Das Risiko, sich mit der Leine zu verheddern, ist sehr gering, viel geringer als die Gefahr, die durch ein verlorenes Paddel entstehen kann. Die Paddelleine wird am Paddel und an der Decksleine befestigt. Sie besteht zumeist aus einem elastischen Gummiband.

Die **Spritzdecke** soll das **Eintreten von Wasser in die Einstiegsluke** verhindern. Daher ist die **Dichtigkeit** sehr wichtig. Die Spritzdecke sollte stets so **gespannt** sein, daß sich auf ihr nur geringe Wassermengen sammeln können. Sie hat so fest geschlossen zu sein, daß sie sich bei einem Wellenübergang auf keinen Fall öffnet. Diese Gefahr besteht besonders bei großen Einstiegsluken, weil hier die Welle auf eine große Fläche schlägt.

Die für Spritzdecken verwendeten Materialien sind Latex, Neopren und beschichtetes Nylon. Auf weitere Besonderheiten verschiedener Spritzdeckenmodelle gehe ich hier nicht näher ein, da die meisten Paddler ihre Spritzdecke hauptsächlich nach subjektiven Gesichtspunkten auswählen.

Pumpe

Die Pumpe ist für die Sicherheit des Seekajakfahrers fast **unentbehrlich**, da durch sie das im Cockpit befindliche Wasser nach außen gelenzt werden kann.

Die **Handpumpe** ist die **preisgünstigste** Variante. Sie hat aber den Nachteil, daß sie **mit beiden Händen** bedient werden und die Spritzdecke zum Abpumpen **geöffnet** werden muß.

Das Lenzen bei **geschlossener** Spritzdecke ermöglicht eine **fest an Deck montierte Pumpe**. Sie wird entweder vor oder hinter dem Cockpit montiert. Die Montage hinter dem Cockpit macht das Pumpen aus physiologischen Gesichtspunkten sehr schwer und anstrengend. Die fest montierte Pumpe verlangt immer **eine Hand** zum Bedienen, und man hat so zumindest eine Hand zum Sichern und Stützen des Bootes frei.

Bei der **Fußpumpe** hat man **beide Hände frei** und kann daher während des Pumpens weiterpaddeln. Sie wird meist in eine Fußstützplatte zwischen den Fußstützen integriert. Leider hat man **keinen so guten Bootskontakt** mehr, was das Fahren beeinträchtigt.

Die **optimale Lösung** ist eigentlich eine **elektrische Pumpe**. Man hat sowohl die Hände als auch die Beine frei und kann so relativ normal weiterfahren. Das Problem der elektrischen Pumpe ist ihre **höhere Störanfälligkeit**. Elektrische Pumpen sollten daher regelmäßig gewartet und überprüft werden. Gefährdet sind die Pumpen vor allem, wenn sie trocken laufen oder wenn Sand in die Pumpe kommt. Gegen den Sand kann man ein Sieb vor den Lenzschlauch einbauen. Das Mitführen einer Handpumpe neben der elektrischen verringert das Risiko eines Totalausfalls.

Der Kompaß

Beim Seekajakfahren gehört ein Kompaß zur Grundaustattung, damit man auch ohne Sichtkontakt, z.B. bei Nebel, einen geraden Kurs steuern und halten kann.

Kleine **Wanderkompasse** sind nur eine **Notlösung**. Es ist kaum möglich, sie ständig im Auge zu haben. Sie können sich durch die Bootsbewegung nicht frei und ungehemmt bewegen.

Daher bieten sich **Schwimmkompasse** an. Sie sind groß genug, um sie auch aus größerer Entfernung ablesen zu können. Es besteht die Möglichkeit, sie aufs Vordeck oder auf den vorderen Lukendeckel zu montieren. Dadurch kann man sie während der Fahrt ständig im Auge behalten. Auch ist so das Peilen sehr einfach: Man dreht das Boot einfach mit der Spitze auf das Peilobjekt zu und liest dann die Peilung ab.

Ein wichtiges Merkmal für einen Kompaß ist seine **Nervosität**. Er sollte eine **hohe Trägheit** besitzen, also nicht auf jede kleine Bewegung reagieren. Ein Kompaß muß sich schnell einschwingen, ohne lange hin und her zu pendeln (☞ Navigation: Theoretische Navigation - Der Kompaß).

Kälteschutz

Die Kleidung beim Seekajakfahren sollte sich in erster Linie nach den **Wassertemperaturen** richten. Sie muß auf jeden Fall so gewählt werden, daß man bei einer **Kenterung** im Wasser arbeiten kann, dabei nicht übermäßig auskühlt und nach dem Wiedereinstieg in der Lage ist weiterzupaddeln, auch ohne sich umzuziehen, da dazu selten die Möglichkeit besteht. Die **Auskühlungswirkung des Wassers** darf dabei nicht unterschätzt werden.

Im Seekajaksport sind aufgrund dieser Gesichtspunkte Kunstfaserunterwäsche, Paddeljacke, Neoprenkleidung und Trockenanzüge Standard geworden.

Sicherheitszubehör

Beim Thema Sicherheit steht die **Schwimmweste** an erster Stelle. Die Schwimmwesten lassen sich in **Festkörperschwimmwesten** und **aufblasbare Schwimmwesten** unterscheiden. Festkörperschwimmwesten für Erwachsene haben einen Mindestauftrieb von 6 kg, um einen erwachsenen Menschen über Wasser halten zu können. Es gibt sie als **ohnmachtssichere Weste** mit Kragen und als **Schwimmhilfen**.

Schwimmhilfen tragen den Körper im Wasser, fixieren das Gesicht aber im Unterschied zu Schwimmwesten **nicht** oberhalb der Wasseroberfläche. Bei einer **Ohnmacht** ist es daher durchaus möglich, daß man mit dem Gesicht im Wasser zu liegen kommt, was das **Ertrinken** zur Folge haben kann.

Die **ohnmachtssichere Schwimmweste** hält das Gesicht über dem Wasser und verhindert so das Ertrinken, auch wenn man ohnmächtig ist. Sie erschwert natürlich aufgrund ihrer Eigenschaften das Arbeiten im Wasser, da die Schwimmweste den Gekenterten immer wieder auf den Rücken dreht.

Aufblasbare Schwimmwesten werden als Automatik- und Halbautomatikwesten angeboten. Bei den **Automatikwesten**

erfolgt die Aktivierung meist dadurch, daß sich eine wasserlösliche Tablette zersetzt.

✱ Diese Art von Auslösemechanismus ist im Seekajaksport denkbar **ungeeignet**, denn die Auslösung könnte bereits durch Spritzwasser erfolgen. Deshalb sollte man sich immer für die **Halbautomatik** entscheiden:

Die **halbautomatische Schwimmweste** wird durch eine Zugleine aktiviert. Dabei wird die Weste, die schlauchförmig um den Hals liegt, mit Kohlendioxid aus einer Patrone gefüllt. Es bilden sich so ein Kragen um den Hals und Luftkammern vor der Brust, wodurch der Kopf fixiert wird.

Aufblasbare Schwimmwesten sind also **stets ohnmachtssicher**. Über ein Ventil kann dann Luft abgelassen oder erforderlichenfalls zugeblasen werden. Der Auftrieb aufblasbarer Schwimmwesten liegt bei etwa 15 kg.

Alle Schwimmwesten und auch Schwimmhilfen sollten **regelmäßig überprüft** und **gepflegt** werden. Man sollte für diese Hilfsmittel **grelle Farben** wählen, um so im Notfall besser gesehen zu werden. Es bietet sich auch an, sie mit **Reflektoren** zu bestücken, was sich bei den Halbautomatikwesten erübrigt, da diese schon standardmäßig so ausgerüstet sind.

Es muß noch darauf hingewiesen werden, daß alle Schwimmwesten und Schwimmhilfen nach der **Euro-Norm zugelassen** sein und als Beleg dafür das **CE-Siegel** tragen sollten.

Optische Signalmittel

Im Seekajaksport bieten sich vor allem **pyrotechnische** Signalmittel an. In Deutschland gibt es verschiedene pyrotechnische Signalmittel, so z.B. **Leuchtkugeln** bzw. **Leuchtraketen mit und ohne Fallschirm**.

☟ Die Leuchtraketen mit Fallschirm sind in Deutschland allerdings nicht im freien Handel erhältlich. Sie gehören zu den Signalmitteln der Gruppe T 2, für die eine amtliche Erlaubnispflicht besteht.

* Aber gerade für Seekajakfahrer sind die **Fallschirmraketen** das **sinnvollste Signalmittel**.

Ein so kleines Boot wie das Seekajak ist in der See extrem schwer zu orten. Da sind auffällige Signalmittel besonders dringend geboten. Eine Signalrakete mit Fallschirm leuchtet im Vergleich zu einer ohne Fallschirm bei einer viel größeren Steighöhe mehr als doppelt so hell und brennt vier- bis fünfmal so lange. Dadurch deckt eine Fallschirmrakete einen viel größeren Sichtbereich ab. Auf diese Weise steigt natürlich auch die Wahrscheinlichkeit, daß das Signal gesehen wird.

Neben den Signalraketen gibt es auch **Signalrauch**, der bei starker Drift und starken Winden von Nutzen ist. Anhand der Rauchfahne kann der Verunglückte viel schneller gefunden werden.

Raketen ohne Fallschirm empfehlen sich im küstennahen Bereich und bei Gelegenheiten, wo die Wahrscheinlichkeit hoch ist, daß die Rakete gesehen wird, z.B. im Fahrwasser und in der Sichtnähe von anderen Booten.

Wenn man über keine anderen Mittel verfügt, sollte man daran denken, **sparsam** mit den Raketen umzugehen. So sollte man, wenn auf zwei Raketen keine Reaktion erfolgt, mit dem Abschuß der nächsten Raketen warten. Auch der Einsatz von Signalrauch muß bedacht erfolgen, da auch er einen relativ geringen Wirkradius hat.

Die Fallschirmraketen haben den **größten Wirkradius**. Das heißt aber auch, daß Boote, die zu Hilfe eilen, aus einer größeren Entfernung kommen können und dementsprechend **mehr Zeit benötigen**.

Bei den pyrotechnischen Signalmitteln sollte auf das **Verfalldatum** geachtet werden, und überalterte Signalmittel sollten ersetzt und sachgerecht entsorgt werden.

Neben den vorgestellten pyrotechnischen Signalmitteln gibt es in einigen Ländern auch **Farbbeutel** oder **Farbpulver** zu kaufen. Sie färben das Wasser giftgrün oder leuchtendorange. Diese Signalmittel helfen vor allem bei einer Luftrettung.

Ein weiteres optisches Signalmittel ist die **Blitzlampe**, die einen grellen Fotoblitz erzeugt. Diese Lampen sollten stets vor Antritt der Fahrt auf ihre Funktionsfähigkeit und den Ladezustand der Batterien kontrolliert werden.

Außer den optischen Signalmitteln gibt es auch **Funksignalgeber**. Zur eigenen Signalabgabe dienen **Funkbojen**. Diese geben, einmal aktiviert, ein Funknotsignal ab, das dann über Satelliten oder Flugzeuge an entsprechende Rettungsstellen weitergegeben wird. Seenotfunkbojen sind jedoch "Einbahnstraßen". Sie senden ein Notsignal ab, ermöglichen aber keinen Funkverkehr. Der Funkverkehr ist nur über **Funkgeräte** möglich. Diese haben meist ein erhebliches Ausmaß und verlangen zur Bedienung ein Funksprechzeugnis.

Eine Lösung aus diesem Dilemma bieten heutzutage **Handys**. Man sollte nur darauf achten, daß das Handy auch wasserdicht verpackt ist.

✱ In Deutschland wurde in den D- und E-Netzen eine spezielle **Seenotrufnummer (124124)** eingerichtet.

☺ Aber auch ein **altes Handy ohne Karte** ist verwendbar. Alle Netzbetreiber müssen die **Notrufnummer 110** kostenfrei und kartenfrei zur Verfügung stellen. Daher kann man über diese Nummer mit jedem Handy telefonieren und Hilfe anfordern.

In Deutschland sollen die Netze bis auf 36 km auf See hinausreichen, ein Erfahrungswert zeigt aber, daß sie in der Deutschen Bucht nur bis zu 10 km hinausreichen.

Der Bereich der Telefontechnologie bietet mit Satellitentelefonen für die Zukunft die Möglichkeit, wahrscheinlich fast überall Notsprüche absenden zu können.

Ein letzter Bereich soll kurz erwähnt werden: die **akustischen Signalmittel**. Neben dem Rufen und Brüllen bieten sich für Seekajakfahrer vor allem **Sturmpfeifen** bzw. laute **Signalpfeifen** an. Auch **Nebeltröten** sind nicht zu unterschätzen.

✱ Gerade auf Tour bieten sich die **Pfeifen** als Aufmerksamkeit erregendes Signalmittel an.

Navigation

Theoretische Navigation

Die theoretische Navigation ist sehr wichtig, da sie die **Grundlage für eine entspannte Tour** darstellt. Gute Planung schützt den Paddler vor bösen Überraschungen. Wer sich bei der Planung Zeit nimmt, spart diese auf der Tour und hat so mehr Zeit für ungewöhnliche Ereignisse.

Gute Planung bedeutet also immer Sicherheit. **Sicherheit** aber ist die **Voraussetzung für den Genuß** beim Paddeln. Mit einem unguten Gefühl im Bauch fährt man nicht entspannt und auch nicht sicher. Die gute Planung stimmt einen schon auf die Tour ein, sie weckt eine gewisse Vorfreude. Somit ist die Planung Teil einer gelungenen Tour, obwohl ihre Bedeutung häufig unterschätzt wird. Ein wesentlicher Bestandteil der Planung ist die Navigation, der wir uns nun zuwenden wollen.

Karte, Kompaß, GPS. Reinhard Kummer, OutdoorHandbuch: Basiswissen für Draußen Bd. 4, Conrad Stein Verlag.

Die Erdkugel

Die Erde rotiert um sich selbst auf einer scheinbaren Achse. Dabei werden die Enden der Achse als Nord- bzw. Südpol bezeichnet. Die Rotation der Erde läuft von West nach Ost, daher verläuft die scheinbare Sonnen- und Sternbewegung von Ost nach West.

Zur Orientierung auf der Erdkugel wird ein **Gitternetz** über sie gelegt. Dieses Gitternetz unterscheidet nach geographischer Länge und Breite. Die **Längengrade** gehen von Pol zu Pol und werden in 180 östliche und 180 westliche Längengrade eingeteilt. Der Längengrad 0 läuft durch Greenwich, einen Ortsteil von London. Die **Breitengrade** verlaufen parallel zum Äquator um die gesamte Erdkugel. Sie werden in jeweils 90 nördliche und 90 südliche Breitengrade unterteilt.

Die Erde hat am Äquator einen Kreisumfang von 40.000 km. Das Stück vom Umfang eines Kreises, das durch eine Minute, also 1/60 Grad, abgedeckt wird, ist eine **Bogenminute**.

* Eine Bogenminute erhält man also, wenn man den Kreisumfang durch die 360 Grad des Vollkreises und dann durch die 60 Minuten eines Grades teilt.

* Am Äquator entsprechen einer Bogenminute **1,852 km**. Dies ist die Entfernung, die als eine nautische Meile oder auch als eine **Seemeile** bezeichnet wird.

Die Erde verfügt über ein eigenes **Magnetfeld**. Das Erdmagnetfeld stimmt fast mit dem geographischen Gitter überein. Das Magnetfeld wandert ständig, und zur Zeit liegt der magnetische Nordpol auf einer Insel im Nordosten von Kanada. Die Abweichung zwischen dem **geographischen Nordpol** und dem **magnetischen Nordpol** nennt sich **Mißweisung**. Die Mißweisung ist an verschiedenen Stellen der Erde unterschiedlich groß. Die örtliche Mißweisung und ihre jährliche Änderung wird auf den Seekarten in der Kartenrose angegeben. In Mitteleuropa kann für die Bereiche des Paddelns und Wanderns diese Mißweisung vernachlässigt werden.

Die Karte

Für die Orientierung verwenden wir zwei verschiedene Kartenarten. Zum einen sind es **topographische, landbezogene Karten** mit dem Metermaßstab. Auf ihnen werden besonders die Landmarken dargestellt. Die wasserbezogenen Daten wie Wassertiefe und Untiefen werden nicht so ausführlich berücksichtigt.

Auf den **Seekarten** werden dagegen die wasserbezogenen Daten besonders ausführlich dargestellt, die landbezogenen Objekte hingegen vernachlässigt und nur dann aufgezeigt, wenn sie für den Seefahrer interessant sind, z.B. besonders hohe Berge, auffällige Bauten oder Leuchttürme. Die Seekarten sind im **Seemeilenmaßstab** gehalten. Die Kartenprojektion richtet sich nach dem Merkator-Prinzip. Darauf soll hier aber nicht weiter eingegangen werden.

Die Karten sind eine modellhafte Darstellung der Wirklichkeit in verkleinertem Maßstab. Auf ihnen werden reale Dinge durch

Symbole dargestellt. Diese Symbole werden in der Legende der Karte erklärt. In dieser Legende wird auch der Kartenmaßstab angegeben. Im Bereich der Seekarten gibt es keine Legenden, dafür gibt es die **Internationale Seekarte Nr. 1**, die **Karte 1** oder auch **INT 1**, auf der alle in Seekarten verwendeten Zeichen erklärt sind.

✱ Für den Paddler empfehlen sich Karten im Maßstab von **1:25.000** oder **1:50.000**, da größere Maßstäbe unpraktisch sind.

Die meisten Karten sind in Nord-Süd-Richtung ausgerichtet, d. h. oben ist Norden und unten Süden. Die Karte ist für unbekannte oder wenig bekannte Gegenden das wichtigste Orientierungsmittel. Für die Tourenplanung ist die Arbeit mit der Karte unerläßlich.

Der Kompaß

Die Erde verfügt, wie bereits gesagt, über ein eigenes **Magnetfeld**, das für die Orientierung genutzt wird. Das der Funktionsweise des Kompasses zugrundeliegende Prinzip entdeckten als erste die Chinesen. Sie nutzten Magnetsteine, die sich auf einer glatten Oberfläche oder auf einem wassergefüllten Behälter nach dem Nord-Süd-Feld der Erde ausrichteten. Da der Erdmagnetnordpol in der Nähe des geographischen Nordpols liegt, nutzte man die Ausrichtung des Magnetsteins, um die Lage des geographischen Nordpols zu finden.

Moderne Kompasse bestehen aus einer magnetisierten Metallnadel, die auf einer Spitze, der Pinne, liegt. Die Kompaßnadel kann in einer gas- oder auch flüssigkeitsgefüllten Kammer liegen.

✱ Im Seekajaksport werden meist **flüssigkeitsgefüllte Kompasse** verwendet, deren Flüssigkeiten - oft Alkohol-Wasser-Gemische - eine **dämpfende Wirkung** auf die Kompaßnadel haben. Gerade dies ist sehr wichtig für den Seekajakbereich, da hierdurch der Kompaß seine Nervosität verliert (☞ Das Seekajak - Ausrüstung: Zubehör - Der Kompaß).

Navigationshilfen

Zur Orientierung im Gelände können unterschiedliche technische Hilfsmittel genutzt werden: Auf See gab es früher die Funkpeiler. Mittels dieser Radiosignale konnte man sich orientieren. Heute gibt es eine weitaus modernere Form der Radionavigation. Es handelt sich dabei um das **Global Positioning System GPS**.

Bei diesem vom US-amerikanischen Militär entwickelten System kreisen 24 Satelliten um die Erde, die auf Breitbandfrequenzen ihre Position und andere Daten an einen Empfänger senden. Dieser errechnet aus den unterschiedlichen Laufzeiten die dreidimensionale Position des Empfängers. Die Genauigkeit des so ermittelten Ortes hängt von der Anzahl der empfangenden Satelliten ab. Mittlerweile gibt es Hand-GPS-Geräte, die bis zu 15 Satelliten empfangen können. Mit ihnen ist eine Genauigkeit von etwa +/- 100 m zu erreichen.

Theoretisch ist eine noch größere Genauigkeit durchaus möglich. Die Satelliten werden aber von den Bodenstationen angewiesen, die Daten mit einer gewissen Verfälschung zu versehen. Daher ist die Genauigkeit bei den Handempfängern begrenzt. Neben dem GPS gibt es keine weiteren technischen Navigationsgeräte in handlichem Format.

Umgang mit der Karte: Kurs - Entfernung - Strömung - Ortsbestimmung

Ich werde zunächst den Umgang mit einer Seekarte erklären. Der Umgang mit topographischen Karten ist ähnlich oder sogar einfacher. Deshalb läßt sich die Vorgehensweise mit Seekarten ganz einfach übertragen.

Das Wichtigste ist das **vorausschauende Planen**: Es muß versucht werden, alle Eventualitäten einer Tour zu berücksichtigen, vom schlechten Wetter bis zum Abbruch einer Tour wegen Verletzung oder Ermüdung.

Die wichtigsten zu bedenkenden Variablen einer Tour sind die geplante **Strecke**, die dafür benötigte **Zeit**, **Pausen**- und **Übernachtungsplätze** sowie **Alternativkurse** und **Nothaltepunkte**.

☺ Ich empfehle immer, die Karte zu **kopieren** und sie dann per Hand **auszumalen**. Dies hat mehrere Vorteile: In der Karte kann man auf diese Weise verzeichnen, was einem persönlich wichtig erscheint, so daß man für jede Tour eine individuelle Karte besitzt. Die Rückseite der Karte kann als Tagebuch genutzt werden. So besitzt man ein einmaliges Erinnerungsstück.

Durch das Ausmalen der Karte hat man sich mit dem betreffenden Gebiet viel besser vertraut gemacht, als wenn man sich die Karte nur ansieht. Durch das Kopieren bleibt die Originalkarte länger erhalten, was auf Dauer erheblich preisgünstiger ist.

✱ Wenn ich nun eine Tour plane, so lege ich erst einmal die **Tagesstrecke** fest.

Die Tagesstrecke hängt vom Leistungsvermögen und der Stimmung der Gruppe ab. Ich rechne bei ruhiger Fahrt mit einer Durchschnittsgeschwindigkeit von etwa **2,5 Knoten** (Seemeilen pro Stunde), das entspricht etwas mehr als 4,5 km/h.

Die Geschwindigkeit variiert je nach Leistungsvermögen und äußeren Bedingungen stark. Bei Fahrtzeiten zwischen drei und sechs Stunden kann man mit einer Strecke von 15 bis 30 km rechnen. Deshalb plant man bei wenig Erfahrung am besten **zwei unterschiedlich lange Strecken** und hat so die Freiheit, auf der Tour die angemessene Strecke zu wählen. Wichtig ist, daß man sich durch die gewählten Strecken nicht selbst unter Druck setzt. Bei längeren Touren sollten auch immer Ruhetage mit eingeplant werden.

✱ Wenn man nun die Tagesstrecke bestimmt hat, trägt man die **Kurse**, die man fahren will, in die Karte ein. Dabei vermerkt man den **Kurs** und die **Kursstrecke** neben der **gezeichneten Kurslinie**. Damit ist man sich unterwegs ohne Hilfsmittel immer über den Kurs im klaren.

✱ Neben den **geplanten Kursen** trage ich auch **Alternativkurse** für den Fall eines Abbruchs der Fahrt ein. Es ist daher möglich, auch bei fehlender Sicht relativ sicher und schnell den nächsten Kurs zum Land zu finden.

* Durch das Vermerken der **Streckenlänge** neben dem Kurs kann ich berechnen, also koppeln, wo ich mich in etwa befinde.

Indem ich also Kurse und Strecken in die Karte eintrage, kann ich meinen ungefähren Standort immer, auch ohne Sicht, bestimmen.

* Neben den Kursen und Strecken suche ich mir **markante Objekte** auf der Seekarte, die ich während der Fahrt zur Orientierung nutzen kann. Ebenso lege ich **Pausen** und den **Endpunkt** meiner Tour fest.

Der **Kurs** wird immer als Gradzahl eines Vollkreises angegeben, er bewegt sich also zwischen 0 und 360 Grad.

* Der Kurs wird mittels eines **Kursdreiecks** in die Karte eingetragen. Dazu wird das Kursdreieck mit dem Nullpunkt an einen Längengrad angelegt. Das Dreieck wird dann soweit gedreht, bis der Längengrad auf der Winkelskala durch den gewünschten Kurs geht. Mit einem zweiten Dreieck kann dann das Kursdreieck so verschoben werden, daß der Kurs durch die gewünschten Punkte verläuft. Wenn das der Fall ist, zeichne ich den Kurs in die Karte ein.

* Will ich der Karte eine **Peilung**, also eine auf mich bezogene Richtung, entnehmen, so lege ich das Dreieck auf diese Linie und verschiebe das Dreieck soweit, bis der Nullpunkt durch einen Längengrad verläuft. Dann kann ich auf der Gradskala die Peilung ablesen.

Die Peilung ist wichtig, wenn ich unterwegs meinen Ort feststellen will. Die Punkte, die ich anvisiere, heißen **Peilobjekte**, es sind die markanten Punkte, die ich mir aus der Karte herausgesucht habe.

Abb. 6: Einzeichnen einer Kurs- oder Peillinie

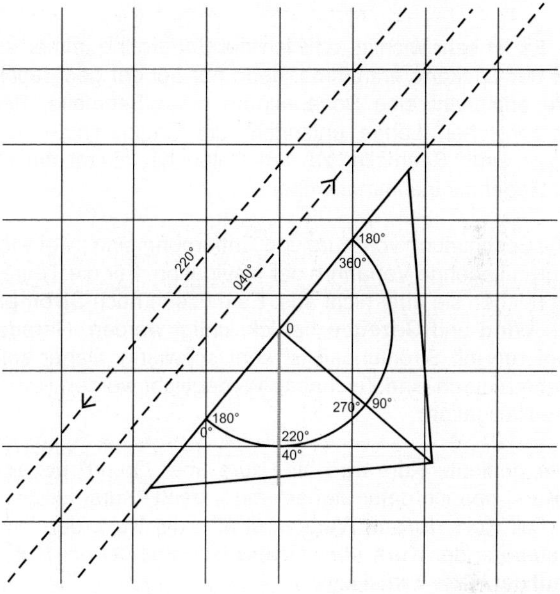

Ist der Kurs oder die Peilung nordweisend, so liegt 040° an. Sind sie südweisend, so liegt 220° an.

Der Längengrad, der den Nullpunkt schneidet, markiert die Kurs- beziehungsweise Peilungszahl (hellgrau).

Durch Anlegen eines Lineals kann die Linie (gestrichelt) beliebig parallel verschoben werden.

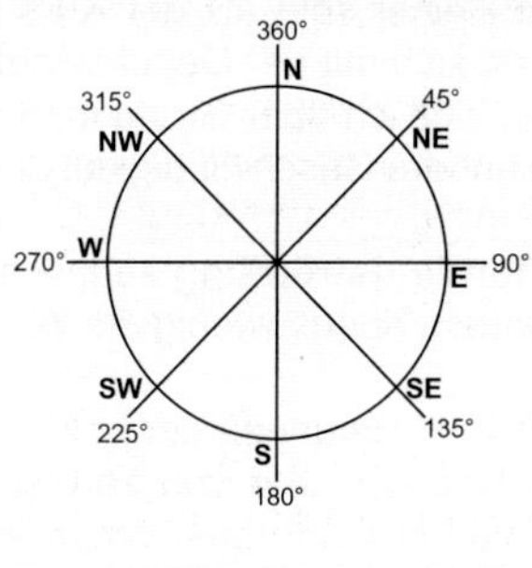

✱ Die **Entfernung** entnehme ich der Karte, indem ich die Strecke mit dem Zirkel **abgreife** und sie **an der Kartenseite bestimme**.

✋ Es ist sehr wichtig, daß ich die Entfernung immer an der *Seite* der Seekarte entnehme, denn nur bei der geographische *Breite* entspricht eine Bogenminute einer Seemeile. Bei der geographischen *Länge* entspricht die Bogenminute nur am Äquator einer Seemeile, zu den Polen hin nimmt die Größe einer Bogenminute immer weiter ab.

Die Bestimmung von Kurs und Entfernung sind zwei wichtige und grundlegende Verfahren der Navigation. Für die Tourenplanung reichen sie aber nicht aus. Es müssen noch **Strömungen** durch **Wind** und **Gezeiten** berücksichtigt werden. Gerade das Navigieren mit Strömungen ist sehr schwierig. Daher soll das Verfahren durch eine Zeichnung verdeutlicht werden (☞ Praktische Navigation).

Der geplante Kurs wird als "Kurs über Grund" bezeichnet, der Kurs, den ich dafür steuern muß, heißt "Kurs durchs Wasser". Der **Kurs durchs Wasser** ist also der Kurs, den ich wirklich steuere, der **Kurs über Grund** hingegen ist der Kurs, den ich auf der Karte zurücklege.

Die Strecke, die ich wirklich zurücklege, kann größer oder auch kleiner sein als der Kurs auf der Karte, und ebenso verhält es sich mit der **Geschwindigkeit**: Wenn ich *mit* dem Strom fahre, lege ich über Grund mehr Strecke zurück und habe damit eine höhere Geschwindigkeit über Grund, als ich wirklich paddle.

Die **Windströmung** kann ich kaum in meine Tourenplanung einbauen, ebensowenig die **Wellenströmung**.

✱ Die Wirkungen der beiden Strömungen hängen sehr stark vom Bootstyp und von zahlreichen anderen Faktoren ab, die sich vorher kaum bestimmen lassen und daher **nicht planbar** sind. Sie müssen jeweils speziell vor Ort bestimmt werden.

Anders verhält es sich mit der **Gezeitenströmung**. Die Gezeiten entstehen durch die Gravitationswirkung von Mond und Sonne und durch die Zentrifugalkräfte der Erde. Die **Anziehungskraft von Mond und Sonne** wirkt auf die Wasserteilchen. Bei sehr großen Wassermassen wie den Ozeanen wirkt sich die Anziehungskraft in der Summe als eine Höhenveränderung aus. Es entsteht ein **Wellenberg**, der an der Küste als **Flut** und dessen Wellental als **Ebbe** bezeichnet wird.

Durch die **Zentrifugalkräfte** treten Wirkungen **symmetrisch** auf. Die Erde wird also von zwei Wellenbergen und zwei Wellentälern umkreist. Daher wechseln Ebbe und Flut etwa alle sechs Stunden. Wenn Sonne und Mond auf einer Linie liegen, addiert sich ihre Gravitationswirkung. Diese Situation wird als Voll- oder Neumond wahrgenommen.

Wenn der Mond im ersten oder im letzten Viertel steht, so befinden sich Sonne und Mond sich im rechten Winkel zueinander. Die Summe der Gesamtgravitationswirkung ist in diesem Zustand am geringsten. Die Zeit von Voll- bzw. Neumond +/- zwei Tage ist die sogenannte **Springzeit**, die Zeit des ersten und letzten Viertels +/- zwei Tage ist die **Nippzeit**. Zwischen Spring- und Nippzeit liegt die **Mittzeit**.

✱ **Springzeit (Voll- bzw. Neumond +/- 2 Tage)** ist also die Zeit mit der größten Gravitationswirkung aufs Wasser. Hier treten die **größten Gezeitenunterschiede**, also die größten Höhendifferenzen zwischen Hoch- und Niedrigwasser auf. Daher herrscht um diese Zeit die größte Gezeitenströmung.

✱ Bei **Nippzeit (Zeit des ersten und letzten Viertels +/- 2 Tage** herrscht dementsprechend **die geringste Gezeitenströmung**.

Die verschiedenen Spring-, Mitt- und Nippzeiten treten an den verschiedenen Küstenstädten verzögert auf. Diese Verzögerung heißt **Springverspätung**.

✱ Den **Gezeitentafeln** kann man diese Springverspätung für alle wichtigen Küstenorte, die Bezugsorte, entnehmen.

Tag	Mai				Tag	Juni			
	HW		NW			HW		NW	
	Zeit	Zeit	Zeit	Zeit		Zeit	Zeit	Zeit	Zeit
1 Mi	10.57	23.08	4.52	17.10	1 Sa ◯	11.49		5.49	18.15
2 Do	11.39	23.52	5.36	17.58	2 **So**	0.11	12.34	6.37	19.04
3 Fr ◯		12.20	6.20	18.42					
4 Sa	0.36	12.59	7.01	19.24	3 Mo	1.00	13.19	7.23	19.53
5 **So**	1.18	13.39	7.43	20.08	4 Di	1.50	14.06	8.10	20.43
					5 Mi	2.43	14.54	8.57	21.31
6 Mo	2.03	14.21	8.25	20.52	6 Do	3.35	15.41	9.42	22.18
7 Di	2.50	15.04	9.07	21.36	7 Fr	4.25	16.31	10.29	23.10
8 Mi	3.38	15.49	9.49	22.20	8 Sa ☾	5.19	17.27	11.21	
9 Do	4.28	16.38	10.32	23.10	9 **So**	6.18	18.29	0.06	12.21
10 Fr ☾	5.23	17.36	11.24						
11 Sa	6.28	18.45	0.10	12.32	10 Mo	7.22	19.36	1.08	13.28
12 **So**	7.43	20.02	1.25	13.53	11 Di	8.26	20.45	2.14	14.39

● Neumond ☽ erstes Viertel ◯ Vollmond ☾ letztes Viertel

Mitteleuropäische Sommerzeit

Abb. 7: Aus dem Gezeitenkalender: Norderney (Riffgat) 1996

HW Hochwasser
NW Niedrigwasser

Dieser Planauszug dient nur als Beispiel und hat keine Gültigkeit.

Gezeitenkalender 199.. Bundesamt für Seeschiffahrt und Hydrographie. Hamburg und Rostock.

Für die **Bezugsorte** sind die Gezeitenhöhen und die Zeitpunkte von Ebbe und Flut genau angegeben.

✱ Ist der Ort, den man benötigt, kein Bezugs-, sondern ein **Anschlußort**, so müssen die Höhen und Zeiten entsprechend den aufgeführten Daten korrigiert werden: Die Höhen und Zeiten des Anschlußortes werden zu denen des Bezugsortes dem Vorzeichen entsprechend jeweils addiert oder subtrahiert. So erhält man für den gesuchten Ort die Zeiten und Höhen für Ebbe und Flut.

Mittels der **Zwölferregel** kann man dann ungefähr die **Zeit der stärksten Strömung** bestimmen:

✱ Die **Zwölferregel** besagt, daß
in der 1. und 6. Stunde nach Ebbe/Flut 1/12,
in der 2. und 5. Stunde 2/12 sowie
in der 3. und 4. Stunde 3/12 der Wassermassen zu- oder abfließen.

✱ **In der 3. und 4. Stunde herrscht dementsprechend der stärkste Gezeitenstrom.**

Stärke und Richtung des Gezeitenstroms läßt sich so allerdings nur **sehr ungenau schätzen**.

✱ Für die genaue Bestimmung von Richtung und Stärke der Strömung benötigt man einen **Gezeitenstromatlas**.

Der Gezeitenstromatlas enthält für ein bestimmtes Gebiet zwölf Karten. In diesen Karten sind die Strömungen im Abstand von je einer Stunde für sechs Stunden vor und nach dem Hochwasser für dieses Gebiet verzeichnet.

Für Fahrten auf der Nordsee ist der Gezeitenstromatlas für die Deutsche Bucht maßgeblich. Die Bezugszeit für diesen Atlas ist das Hochwasser von Helgoland.

✱ Will man die Strömung in einem Gebiet ermitteln, so muß man die Zeitdifferenz zwischen dem Hochwasser von Helgoland und dem gesuchten Zeitpunkt bestimmen und dann der entsprechenden Karte die Strömung für das gesuchte Gebiet entnehmen.

Die **Strömungsrichtung** muß nicht weiter korrigiert werden, nur die **Stromstärke** stimmt nicht immer.

✱ Um die **Stromstärke** zu ermitteln, muß man sie mit einer Korrekturziffer multiplizieren.

✱ Die **Korrekturziffer** erhält man, wenn man den Tagestidenhub für den betreffenden Tag durch den maximalen Tagestidenhub (er ist in der Gezeitentafel angegeben) teilt.

✱ Den **Tagestidenhub** erhält man, wenn man die Differenz zwischen dem Hochwasserwert und den beiden danebenliegenden Niedrigwasserwerten errechnet, sie addiert und dann durch zwei teilt.

Nach der Multiplikation der Stromstärke mit der Korrekturziffer hat man die Stromstärke für den Tag ermittelt. Die Stromstärke und die Stromrichtung nutzt man für die Errechnung des **Stromdreiecks**.

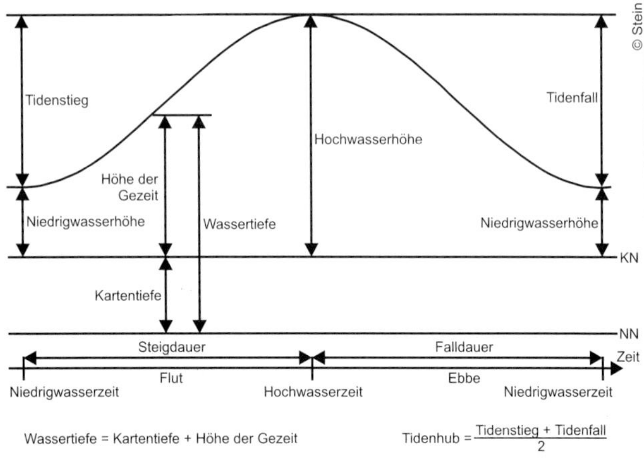

Abb. 8: Die Gezeiten

KN Kartennull, NN Normalnull

Die Bestimmung des Kurses durchs Wasser mit Hilfe des Stromdreiecks ermöglicht einem das **taktische Fahren**, also ein Fahren, bei dem man den Kurs so setzt, daß man durch den Gezeitenstrom **bestmöglich unterstützt** wird.

✋ Befährt man ein Gezeitengewässer ohne Berücksichtigung der Gezeitenströmung, so kann das lebensgefährlich werden. Die Strömungen der Gezeit können an einigen Stellen durchaus größer als die Fahrgeschwindigkeit werden.

✱ Die Korrekturen der **Windabdrift** können nur aufgrund von eigenen Erfahrungen geschätzt werden, sollten aber möglichst auch berücksichtigt werden. Das ist häufig erst auf dem Wasser möglich (☞ Praktische Navigation).

Jetzt noch einige Worte zur **Ortsbestimmung**. Um einen Ort auf dem Wasser zu ermitteln, wendet man bei der terrestrischen Navigation **geometrische Verfahren** an:

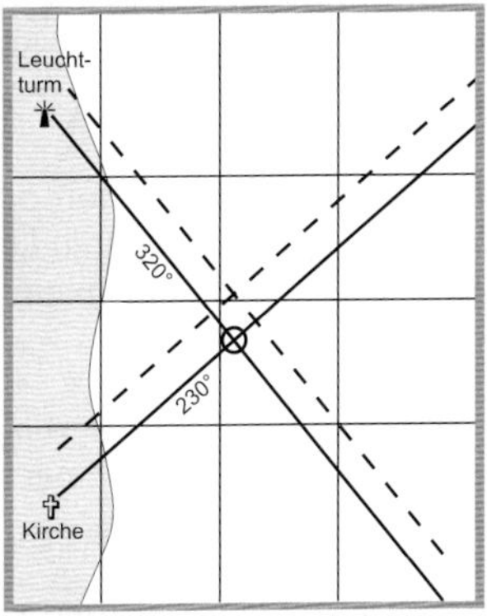

Abb. 9: Kreuzpeilung

Der Leuchtturm wird in 320° und die Kirche in 230° gepeilt. Gesucht wird der eigene Standpunkt.

Die Peillinie (gestrichelt) wird ermittelt und dann durch das Peilobjekt parallel verschoben (dicke Linie).

Der Schnittpunkt der Geraden ist der eigene Standort.

Man kann seinen Ort durch den **direkten Schnittpunkt zweier Geraden** bestimmen. Diese Geraden können Peillinien von bestimmten Peilobjekten, eine Peillinie und die Kurslinie oder eine Peillinie und eine Abstandslinie sein.

✱ Für den Bereich des Seekajaksports nutzt man in erster Linie die Ortsbestimmung durch **Peillinien** bzw. **Peillinie und Kurslinie**. Innerhalb dieses Dreiecks liegt dann meine Position.

✱ Will man nun den eigenen Ort bestimmen, so peilt man die **Peilobjekte**. Die Peillinien werden wie Kurslinien gezeichnet, sie laufen dabei durchs Peilobjekt. Der Schnittpunkt der Peillinien bezeichnet den eigenen Standort.

☺ Es empfiehlt sich, drei Linien zu verwenden, damit der Ort möglichst genau bestimmt wird. Bei drei Peillinien entsteht meist ein Fehlerdreieck. Innerhalb dieses Dreiecks liegt dann mein Ort. Dieser Ort ist sehr genau bestimmt. Bedeutend ungenauer bestimmt ist der Ort, den ich aus dem Schnittpunkt meiner gezeichneten Kurslinie und einer Peillinie erhalte.

Es gibt neben diesem **Ortsbestimmungsverfahren** mit Hilfe des direkten Schnittpunkts natürlich noch andere Möglichkeiten:

✱ So kann man z.B. auf einer **Linie, die zwei Tonnen oder zwei Feuer bilden**, entlangfahren. Diese sind als Feuer in Linie in die Karte eingetragen. Man fährt also auf einem genauen Kurs den angepeilten Objekten entgegen.

✱ Weiterhin gibt es die **Tonnennavigation**: Dabei fährt man an einem Tonnenstrich entlang. Man befindet sich immer an der Stelle, wo die Tonne in der Karte eingezeichnet ist.

Die Tonnenpositionen können sich allerdings aufgrund verschiedener Faktoren **ändern**. Diese Veränderungen müssen in der Karte berichtigt werden. Dafür gibt das Bundesamt für Seeschiffahrt und Hydrographie regelmäßig Verbesserungen in Form von "Nachrichten für Seefahrer" heraus. Diese Korrekturen sind für die berufsmäßige Schiffahrt gedacht. Dem Seekajaksportler sind sie nicht zu empfehlen.

Es ist nur wichtig, daß man sich darüber im klaren ist, daß die in einer alten Seekarte angegeben Tonnen nicht mehr unbedingt dort sein müssen, wo sie in der Karte verzeichnet sind. Diese Art der Navigation ist also mit Vorsicht zu genießen.

Nun noch ein paar Worte zu den **Tonnen**. Es gibt zum einen die **Kardinaltonnen**. Dies sind Tonnen in den Farben **Gelb** und **Schwarz**, die vor Gefahren wie Untiefen, Wracks, Steine o.ä. warnen.

Des weiteren gibt es die **Fahrwassertonnen**, die **rot**, **rot-weiß gestreift** oder **grün** sind. Die Fahrwassertonnen kennzeichnen ein Fahrwasser auf See. Dieses Fahrwasser sollten wir als Paddler stets meiden. Sind wir dennoch gezwungen, ein Fahrwasser zu kreuzen, so sollte das rechtwinklig und so schnell wie möglich erfolgen.

✱ Alle Fahrzeuge auf dem Fahrwasser haben **Vorfahrt**. Außerhalb des Fahrwassers haben Segler, Surfer, Fischer und Fahrzeuge **von rechts** Vorfahrt. Es sollte aber generell allen Fahrzeugen ausgewichen werden, da die meisten bedeutend stärker sind und man es daher nie auf eine Kraftprobe ankommen lassen sollte.

Mit den beschrieben Verfahren sind natürlich die Verfahren der theoretischen Navigation noch lange nicht ausgeschöpft. Für den Seekajaksport reichen sie jedoch aus. Wer sich weitergehend mit Navigation beschäftigen will, dem sei das Ablegen eines Sportbootführerscheins empfohlen. Beim Erwerb dieses Sportbootführerscheins wird die terrestrische Navigation in aller Ausführlichkeit behandelt.

Praktische Navigation

Um eine bestimmte Richtung beim Paddeln zu halten, muß ein bestimmter **Anhalt** für den Kurs gefunden werden:

* Entweder man wählt sich ein Objekt an Land oder auf dem Wasser, auf das man zuhält, oder man fährt einen bestimmten Kurs nach dem Kompaß.

Das ist ohne Strom auch sehr gut möglich. Bei Strömungen unterscheiden sich, wie bereits beschrieben, der Kurs durchs Wasser und der Kurs auf der Karte voneinander.

Will man also einen bestimmten Kartenkurs **bei Strom** fahren, so muß man auf dem Wasser einen bestimmten **Vorhalt** wählen. Für den Gezeitenstrom ist das schon in der Planung möglich. Für **Wind** und **Wellen** muß der Vorhalt auf dem Wasser bestimmt werden. Das ist bei fehlender Erfahrung nur dann möglich, wenn man einen **Ort an Land anpeilen** kann.

* Wenn man auf diesen vorausliegenden Ort zuhält und der Kurs sich nicht ändert, so hat man keinen Strom oder der Strom läuft entsprechend bzw. entgegengesetzt zum eigenen Kurs.

* Ändert sich dagegen der Kurs, so paddelt man eine sogenannte Hundekurve, da man durch den Strom versetzt wird.

* Man wählt dann einen Vorhalt, der so groß ist, daß das Zielobjekt in stehender, also gleicher Peilung bleibt. Aus dem Vorhalt kann man dann mittels des Stromdreiecks die **Stromstärke** bestimmen.

Wenn man ohne Zielobjekte fährt, kann man den Vorhalt nur schätzen. Aus dem **Versatz**, d.h. der Strecke, die man abgetrieben wurde, kann am Ende der Tour der Strom bestimmt werden. Während der Fahrt ohne Zielobjekte kann man nur mittels GPS den Versatz bestimmen.

Abb. 10: Stromaufgabe

Ich fahre mit 3 Knoten (3 Seemeilen in der Stunde) in Richtung 050°. Es gibt einen Strom, der mit 1 Knoten nach 170° setzt.

1. Wie schnell und wohin fahre ich ohne Korrektur?
2. Wie muß ich korrigieren, damit ich ankomme, wo ich ankommen will?

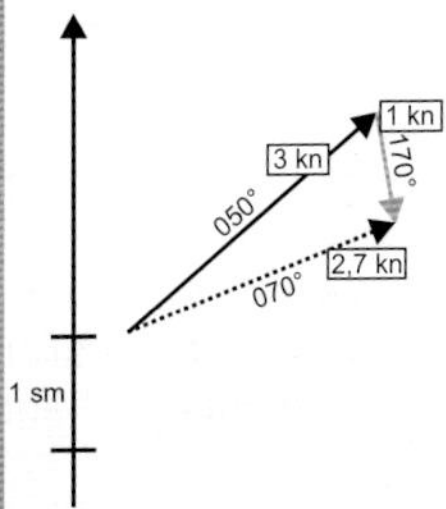

- Die Strecke, die der Strom den Paddler in einer Stunde versetzt.
- Fahrt durchs Wasser (so schnell würde der Paddler ohne Einflüsse fahren)
- Strecke, die der Paddler nach Kompaß fährt (Kurs durchs Wasser)
- Fahrt über Grund (so schnell fährt der Paddler auf der Karte)
- Strecke, die der Paddler in Wirklichkeit auf der Karte fährt (Kurs über Grund)

- Strom
- Kurs über Grund / Fahrt über Grund
- Kurs durchs Wasser / Fahrt durchs Wasser

050° ist die Richtung, die ich steuern muß, um mein Ziel zu erreichen. Der Strom lenkt mich ab (Versatz). Ich weiß, daß ich 3 Knoten schnell paddle. Ich trage den Strom am Beginn meiner geplanten Kursgeraden an. Nun trage ich am Ende der Stromgeraden mit dem Zirkel die Strecke, die ich in einer Stunde paddle, so ab, daß sie meine geplante Kursgerade schneidet. Verbinde ich den Schnittpunkt mit dem Ende der Kursgeraden, so habe ich den zu paddelnden Kurs (gestrichelt).

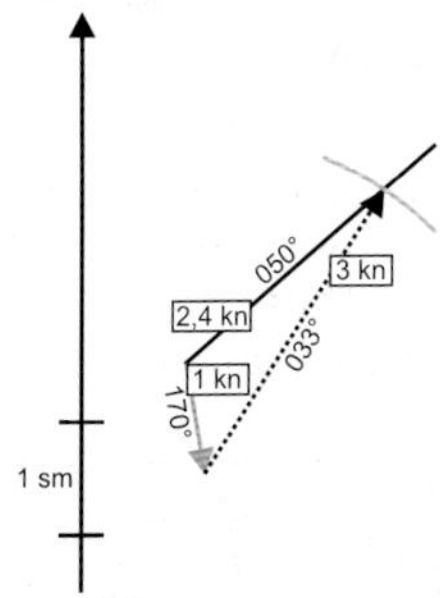

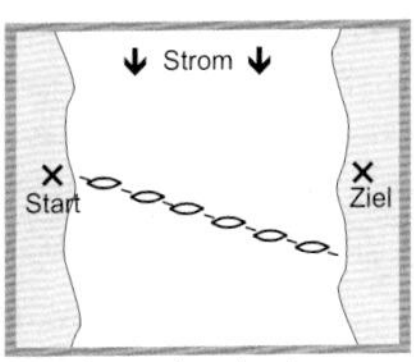

ohne vorberechnete Korrektur

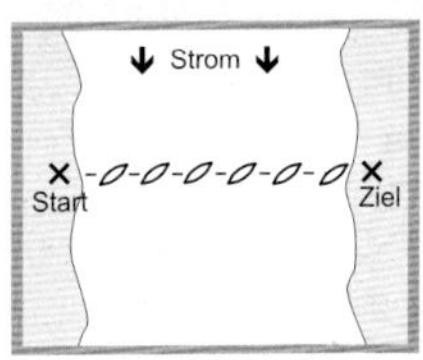

mit vorberechneter Korrektur

mit ständiger Korrektur (Hundekurve)

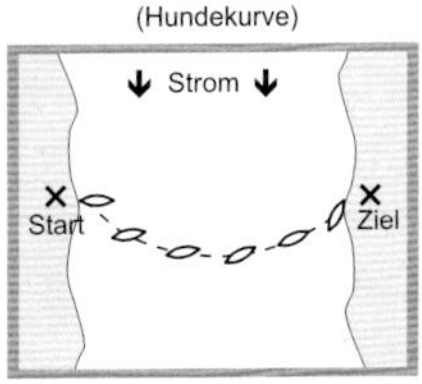

✱ Die **Peilungen zur Ortsbestimmung** können auf dem Wasser dadurch erfolgen, daß man den Kompaß aus der Halterung nimmt und dann mit der Hand peilt, man kann aber auch das Boot mit der Spitze auf das Peilobjekt drehen.

Über die **Genauigkeit** sollte man sich keinen Illusionen hingeben: Ein Schwimmkompaß für das Kajak gibt die Peilungen und Kurse mit +/- 5 Grad an. Die Toleranz liegt also bei 10 Grad. Da man auf See kaum mit Dreiecken arbeiten kann, können die Peillinien nur ungefähr in die Karte übertragen werden, stellen also eine weitere Ungenauigkeitsquelle dar. Dementsprechend ungenau ist dann auch der ermittelte Ort bestimmt.
Während der Fahrt sollte man aber trotzdem immer in etwa wissen, wo man sich befindet.

✱ Es sollte ständig **mitgekoppelt** werden, um auch bei ungewöhnlichen Umständen, wie fehlender Sicht bei Nebel, zu wissen, wie man zu fahren hat. **Ort, Kurs und ungefähre Geschwindigkeit** sollten immer bekannt sein, da nur so sicher gepaddelt werden kann.

Der Seekajakfahrer ist auf dem Wasser **Wind** und **Wellen** ausgesetzt. Das **Wetter** ist also ein sehr wichtiges Kriterium bei Entscheidungen. Der Seegang wird vorwiegend durch das Wetter erzeugt. Die anderen Faktoren können wir an dieser Stelle vernachlässigen.

Windstärke 0

Windstärke 1

Windstärke 2

Windstärke 4

Windstärke 5

Windstärke 6

Windstärke 7

Windstärke 8

Windstärke 10

Windstärke 11

Abb. 11-20: Windstärken

Windgeschwindigkeit (kts)	0-1	1-3	4-6	7-10	11-15	16-21	22-27
Windstärke (Bft)	0	1	2	3	4	5	6
Resultierender Seegang im offenen Meer	0 ruhige spiegelglatte See	1 ruhige gekräuselte See	2 schwach bewegte See		3 leicht bewegte See	4 mäßig bewegte See	5 grobe See
Seegebiet	**Wellenhöhe (m)**						
offene See (z.B. Atlantik)	0	0 - 0,1	0,1 - 0,4		0,4 - 1,3	1,3 - 2,5	2,5 - 4,0
Nordsee:							
Nord					0,4 - 0,9	0,8 - 1,9	1,7 - 3,2
Süd					0,4 - 0,9	0,8 - 1,7	1,2 - 2,1
Skagerrak					0,4 - 0,9	0.8 - 1,8	1,3 - 2,8
Kattegat					0,4 - 0,9	0,7 - 1,6	0,9 - 2,0
Kieler- und Lübecker Bucht					0,4 - 0,7	0,6 - 1,0	0,8 - 1,3
übrige Ostsee:							
westl. Bornholm					0,4 - 0,8	0,7 - 1,3	1,1 - 1,8
östl. Bornholm					0,4 - 0,9	0,8 - 1,6	1,4 - 2,4

Das Wetter kann man speziellen Wetterberichten, den **Seewetterberichten**, entnehmen. Diese werden zu bestimmten Zeiten im Radio gesendet. Die wichtigsten Sender sind **NDR 4** und der **Deutschlandfunk** auf ihren **Mittelwellenfrequenzen**. Dort wird zwei- oder dreimal täglich der Seewetterbericht ausgestrahlt.

Auf das Wetter, das Zeichnen von Wetterkarten und die Wettervorhersage soll hier nicht weiter eingegangen werden, dazu sei auf die entsprechenden Bücher zum Thema verwiesen (☞ Kap. Literatur).

Abb. 21: Windstärke, Windgeschwindigkeit, Seegang und Wellenhöhe

Windgeschwindigkeit (kts)	28-33	34-40	41-47	48-55	56-63	über 63
Windstärke (Bft)	7	8	9	10	11	12
Resultierender Seegang im offenen Meer	6 sehr grobe See	7 hohe See		8 sehr hohe See	9 außergewöhnlich schwere See	
Seegebiet	**Wellenhöhe (m)**					
offene See (z.B. Atlantik)	4,0 - 6,0	6,0 - 9,0		9,0 - 14	≥ 11,5	
Nordsee:						
Nord	3,0 - 4,3	4,0 - 6,3		6,0 - 8,5	≥ 7,2	
Süd	1,6 - 2,6	2,1 - 3,7		3,2 - 4,5	≥ 3,8	
Skagerrak	1,8 - 3,6	2,1 - 5,6		3,5 - 8,0	≥ 5,6	
Kattegat	1,1 - 2,5	1,8 - 3,8		2,8 - 4,5	≥ 3,6	
Kieler- und Lübecker Bucht	1,0 - 1,6	1,3 - 2,5		2,0 - 2,9	≥ 2,5	
übrige Ostsee:						
westl. Bornholm	1,5 - 2,3	2,0 - 3,6		3,1 - 4,4	≥ 3,9	
östl. Bornholm	2,0 - 3,1	2,6 - 5,0		4,2 - 6,2	≥ 5,2	

Die für den Paddler wichtigen Angaben des Seewetterberichts sind die **Windrichtungen** und **Windstärken** sowie die **nautischen Warnungen**. Wind und Windrichtung geben Hinweise auf **Wellenhöhe** und **Windstrom**. Der Windstrom kann in seiner Stärke nicht vorhergesagt werden.

Die **Wellenhöhe** läßt sich zum Teil einschätzen. Wir nehmen auf dem Wasser die Welle vor allem durch den **Seegang** wahr. Der Seegang macht etwa 1/3 der Wellenhöhe aus, die restlichen 2/3 der Welle laufen unter der Wasseroberfläche.

Der **Seegang** hängt ab von der Wassertiefe, der Länge der Wasserfläche, über die der Wind schon gelaufen ist, sowie von der Dauer der Windeinwirkung. Durch den Wind entstehen drei verschiedene **Seeformen**: erstens die **Windsee**, eine See, die durch den Wind vor Ort entsteht, zweitens die **Dünung**, eine See, die dem Windfeld vorausläuft, und drittens die **Kreuzsee**, die durch das Zusammenwirken von Dünung und Windsee entsteht.

Angaben zur Wellenhöhe können der Tabelle entnommen werden.

Techniken

Das Fahren in der Gruppe

❋ Im Seekajaksport gilt die allgemeingültige Regel **"Paddle nie allein"**.

Das ist notwendig, weil so die Sicherheit um ein Vielfaches gesteigert werden kann. Viele Sicherheitstechniken setzen die Anwesenheit von mindestens zwei Fahrern voraus. Ich glaube nicht, daß das weiter ausgeführt werden muß.

Es sollten **kleine Gruppen** von zwei oder drei Paddlern gebildet werden. Der Retter sollte immer aus dieser kleinen Gruppe kommen.

Durch diese Aufteilung ist gewährleistet, daß die Rettung **schnellstmöglich** durchgeführt werden kann. Dazu ist es notwendig, daß sich die Paddler, die zusammen fahren, vor der Tour zusammensetzen und die **Aufgaben** für die Tour **verteilen**, so z.B. wer mit welcher Rettungsmethode am besten zurechtkommt, wer die Gruppe führt und wer hinten fährt. Es ist auch sehr wichtig, sich vorher über die Signale, die man unterwegs verwenden will, zu einigen.

In der kleinen Gruppe fährt man **nebeneinander** und dabei **leicht nach hinten versetzt**. Der **Abstand** hängt davon ab, wie es die Sicherheit unter den herrschenden Bedingungen erfordert. Ist eine hoher Grad von Sicherheit notwendig, z.B. bei Anfängern oder bei schlechtem Wetter, so wählt man den Abstand so, daß man so dicht wie möglich, also so dicht wie es Wind, Wetter und Wellen zulassen, nebeneinander fährt. Der Abstand zwischen den Paddlern ist entscheidend für die Dauer der Rettung. Wenn der Abstand zu groß ist, ist es möglich, daß eine Kenterung erst spät bemerkt wird und dadurch unnötig lange dauert.

❋ Der Abstand sollte deshalb so gewählt werden, daß eine Verständigung untereinander **immer** möglich ist.

✱ Die **Geschwindigkeit** sollte in Gruppen immer vom langsamsten Paddler angeben werden.

Damit liegt auf diesem natürlich eine ziemliche Last. Trotzdem darf er **nicht über seine Kräfte** paddeln: Es sollten nie mehr als 70% des Leistungsvermögens ausgeschöpft und die übrigen 30% für unerwartete Vorfälle wie Rettungen oder Abschleppen erhalten werden. Es sollte auch nie vergessen werden, daß häufig nach der Tour auch noch das Lager aufgeschlagen und das Essen zubereitet werden muß.

Paddeltechniken

Der Grundschlag

Beim Grundschlag wird das Paddel möglichst **parallel zum Boot** geführt. Wegen der Länge des Paddels und dem Bemühen, das Paddel möglichst flach zu führen (da so die Windangriffsfläche geringer ist), wird der Paddelschlag immer leicht bogenförmig. Das ist aber nicht weiter entscheidend, da sich die Steuerwirkung von links und rechts teilweise aufheben und weil sich das Seekajak aufgrund seines guten Geradeauslaufs kaum durch diese Steuerwirkung beeinflussen läßt.

✱ Beim Führen des Paddels spielen mehrere Bewegungen zusammen. So **zieht** der eine Arm auf der Seite, auf der sich das Paddel im Wasser befindet, und der andere Arm **schiebt**. Der ziehende Arm ist der **Arbeitsarm**, der andere der **Gegenarm**. Zu dieser kombinierten **Zug-Schub-Bewegung** kommt noch eine **Drehbewegung** aus Schulter und Rücken hinzu.

Die Paddelkraft entfaltet im zweiten Drittel des Weges, den das Paddel durchs Wasser geht, ihre größte Wirkung. Dieser Bereich geht **bis auf die Höhe der Hüfte**. Die Kraft hinter der Hüfte einzusetzen, ist Kraftvergeudung.

✱ Gerade im Seekajaksport ist ein **ökonomischer Krafteinsatz** entscheidend. Durch die langen Paddelzeiten und -strecken summiert sich eine unökonomische Paddelweise zu einem großen Betrag. Daher ist es wichtig, sich eine runde und ökonomische Paddelweise anzutrainieren.

Der Rundschlag

Der Rundschlag dient der **Richtungsänderung** des Kajaks. Beim Rundschlag wird das Paddel bewußt **stark kreisförmig** geschlagen. Dabei ist gerade der Schlagbereich **hinter der Hüfte** wichtig. Hier wirkt das Paddel zunehmend rechtwinklig zur Fahrtrichtung, also **seitwärts**.

✱ Dabei dreht das Kajak bei den Rundschlägen **von vorn nach achtern von der Arbeitsseite weg**. Führe ich den Schlag auf der linken Seite, so dreht das Kajak nach rechts.

✱ Wird der Paddelschlag **von achtern nach vorn** geführt, so dreht das Kajak **in Richtung der Arbeitsseite**. Führe ich den Rundschlag also rückwärts auf der linken Seite, so dreht das Kajak nach links.

✱ Bei Booten ohne Kielsprung sollte das Boot zum Drehen **angekantet** werden. Durch das Ankanten verändert sich die Form des Unterwasserschiffs. Dieses veränderte Unterwasserschiff erleichtert das Steuern, da der Kiel nicht mehr an der tiefsten Stelle liegt und so die Wirkung des Kiels zur Verstärkung des Geradeauslaufs herabgesetzt wird.

Es ist klar, daß gerade beim Ankanten ein **vernünftiger Bootskontakt** notwendig ist, um die volle Bootskontrolle zu gewährleisten: Dazu stützt man sich auf den Fußrasten ab und klemmt die angewinkelten Beine unter den Süllrand. In dieser Position erfühlt man genau die Lage des Bootes und kann sie durch die eigenen Körperbewegungen beeinflussen - "der Paddler ist eins mit seinem Boot".

Der Stützschlag

Die Stütze kann sowohl hoch als auch flach geführt werden. Bei der hohen Paddelstütze befinden sich die Handgelenke über den Ellenbogen. Bei der flachen Paddelstütze liegen dementsprechend die Handgelenke tiefer als die Ellenbogen. Die Stütze erfolgt im allgemeinen auf Hüfthöhe.

✱ Die **hohe Paddelstütze** wird vor allen Dingen bei **stärkerem Seegang** angewendet.

Ist die Welle noch nicht so hoch, stützt man mit der hohen Paddelstütze **über die Welle**, bei großen Wellen geht man **in die Welle:**

✱ Die Arbeitsfläche des Paddels zeigt dabei **nach unten**. Der Arbeitsarm ist dabei gestreckt und der Gegenarm ist gebeugt. Das Boot wird in Richtung Welle gekantet. Kantet man mit der Welle, so geht man mit der Drehrichtung und dem Drehmoment der Welle und unterstützt dieses Moment, wodurch man dann gekippt werden kann.

☺ Man sollte bei der hohen Paddelstütze immer darauf achten, daß die Arme nicht zu weit über der Schulter stehen, da so die Gefahr einer Schulterverletzung ziemlich groß ist.

✱ Die **flache Paddelstütze** wird vor allen Dingen bei **geringem Seegang** angewendet. Der Unterschied zur hohen Paddelstütze liegt zum einen in den tief gehaltenen Handgelenken, zum anderen zeigt die Arbeitsfläche des Paddels **nach oben**.

✱ Während der Fahrt kann man das Paddel flach auf eine Seite stützen (flache Paddelstütze): Das Paddelblatt streicht über das Wasser, und dadurch entsteht ein **Auftrieb** auf das Paddel, so daß man sich darauf abstützen kann. Das Boot ist dabei angekantet.

✱ Das Paddelblatt kann auf Hüfthöhe aber auch **hinter der Hüfte** geführt werden. Wenn ich das Paddelblatt weiter hinter der Hüfte führe, kann ich das Paddelblatt im Wasser **ankanten**.

Dadurch entsteht eine **Steuerwirkung** in Richtung der Paddelseite. Führe ich das Paddelblatt hinten am Boot, und steht das Blatt dabei senkrecht im Wasser, so wird das als **Heckruder** bezeichnet.

✱ Fahre ich mit der Welle - das sogenannte **Surfen** -, so kann ich zwischen Stütze und Heckruder **fließend wechseln**. Das ermöglicht ein Stützen mit gleichzeitigem Steuern. Je stärker die Paddelfäche im Wasser angekantet wird, um so größer ist die Steuerwirkung.

Der Stützschlag kann auch erfolgen, indem das Paddel auf das Wasser **geschlagen** wird. Dadurch entsteht ein Impuls, der einen Stützdruck auf das Paddel ermöglicht. Dieser Stützdruck in Verbindung mit der **Hüft-Knick-Bewegung** gibt dem Paddler die Möglichkeit, sich wieder aufzurichten. Das gilt vor allem dann, wenn das Boot keine Fahrt macht.

✱ Wichtig ist hierbei, daß das Paddel wie beim Ziehschlag **vor dem Herausnehmen gedreht** wird, da man sich sonst wieder in Richtung der Arbeitsseite herunterzieht.

Der Ziehschlag

Beim Ziehschlag wird das Paddel in Entfernung zum Boot eingestochen und dann zum Boot gezogen. Am Boot wird das Arbeitsblatt um 90 Grad **gedreht** und aus dem Wasser gehoben. Je nachdem, ob man den Schlag auf Hüfthöhe, vor oder hinter der Hüfte durchführt, kommt neben dem seitlichen Versetzen auch noch eine **Drehbewegung** ins Boot. Setze ich z.B. vor der Hüfte ein, so versetzt das Boot seitlich, wobei sich die Bootsspitze weiter vorbewegt als das Heck.

Das **Streichen** oder auch **Wriggen** ist eine spezielle Schlagform, um ein Boot seitlich zu versetzen oder auch um einen Auftrieb auf das Paddel zu erzeugen, so daß man sich auf das Paddel stützen kann.

✱ Beim Wriggen wird das Paddel in Form **einer Acht** durch oder über das Wasser gestrichen. Dabei sollte man unbedingt darauf achten, daß das Paddel **nicht unterschneidet**. Die Arbeitspaddelfläche muß immer **mit der offenen Seite** durchs Wasser gezogen werden. Nur so kann ein entsprechender Druck auf das Paddel entstehen.

Sicherungs- und Rettungsmethoden

Das Päckchen

Das Bilden eines Floßes ist eine grundlegende Sicherheitstechnik. Das Floß wird durch das **Nebeneinanderlegen der Kajaks** gebildet. Dabei können die Kajaks Bug-zu-Bug aber auch Bug-zu-Cockpit liegen. Das Floß bildet die beste Möglichkeit, Bootsreparaturen durchzuführen, Verletzte zu versorgen oder auch nur um eine kurze Rast einzulegen, um sich zu strecken, zu essen oder andere Kleinigkeiten zu erledigen.

Wenn kein Seegang herrscht oder bei schwachem Seegang kann man auf so einem Floß stehen und sogar darüber laufen. Bei starkem Seegang kann es sehr schwer werden, das Floß zusammenzuhalten. Aber gerade wenn jemand Angst bekommt oder in Panik gerät, strahlt ein Floß Sicherheit und Geborgenheit aus.

Das Floß ist eine Sicherheitstechnik, die sehr vielseitig ist und besonders **psychologisch** eine starke Wirkung hat. Schwierig gestaltet sich das Bilden eines Floßes bei starkem Seegang.

Rettungsmethoden für mindestens zwei Fahrer

Nach einer Kenterung ist es wichtig, daß der Gekenterte **zurück in das Boot** kommt und daß im Boot **möglichst wenig Wasser** verbleibt. Diesen beiden Zielen muß bei jeder Kenterung Rechnung getragen werden. Sollte ein Kajakfahrer kentern, so ist es wichtig, daß er bei seinem Boot bleibt und es **festhält**. Das Kajak hat genügend Auftrieb, um sich auf ihm ausruhen zu können, und ist somit eine zusätzliche Schwimmhilfe.

✋ Gerade im Seekajakbereich ist das Boot **lebenswichtig**. Ohne eigenes Boot sind die langen Strecken kaum zu bewältigen, und das rettende Ufer ist nun mal weiter entfernt als z.B. beim Wildwasserfahren. Das Kajak ist also im Notfall so etwas wie eine Lebensversicherung für den Paddler.

Wenn man gekentert und aus dem Kajak ausgestiegen ist und nun sein Boot festhält, hat der **"Retter"** die Aufgabe, das Kajak zu **lenzen** und so zu **sichern**, daß der Gekenterte wieder einsteigen kann.

Alle beschriebenen Methoden beziehen sich auf zwei Paddler, von denen sich einer, der Gekenterte, im Wasser befindet, und einer, der Retter, im Boot sitzt. Sind mehr Paddler an der Rettung beteiligt, so sollten sie den Retter stabilisieren (Floß) und schwimmende Ausrüstung bergen.

Der Gekenterte kann wahrend der Rettung den Retter unterstützen, oder er kann bis zum Einsteigen warten und den Retter bis dahin allein arbeiten lassen. Zum Warten hält sich der Gekenterte an der Spitze des Bootes fest und umklammert es mit Händen und Füßen wie eine Stange, an der er herunterrutschen will *(Abb. 22 und 23)*:

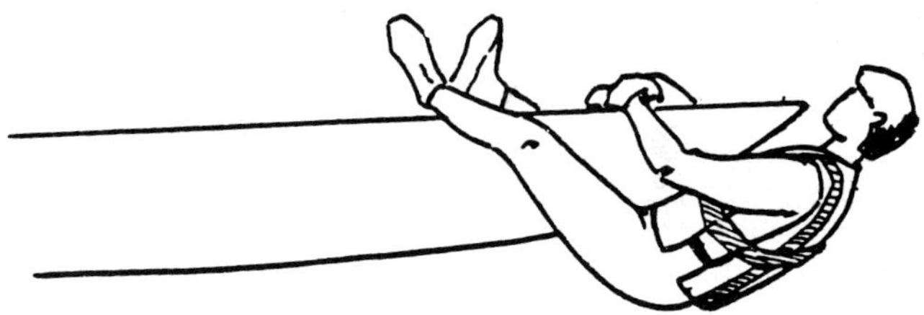

☺ Ich empfehle aus vier verschiedenen Gründen immer die letztere Methode, bei der der Gekenterte an der Bootsspitze wartet:

✱ Wenn der Gekenterte sich viel im Wasser bewegt, verliert er mehr Wärme, als wenn er sich ruhig verhält.

✱ Die Verletzungsgefahr ist für den Gekenterten geringer, wenn er sich nicht im Arbeitsbereich aufhält.

✱ Der Gekenterte kann, wenn er mitarbeitet, schneller vom Boot getrennt werden und dadurch vom Retterboot abtreiben. Das würde die Rettung dann noch schwieriger und langwieriger gestalten.

✱ Der Retter hat den Gekenterten besser im Auge, und der Gekenterte kann das Boot des Retters stabilisieren und so die Sicherheit erhöhen.

Das Lenzen

Nach der Kenterung fährt der Retter zum Gekenterten, hält dessen Boot fest und gibt ihm Zeit, sich zur Spitze des Retterbootes zu bewegen und sich dort festzuhalten. Ist das geschehen, wird das Boot des Gekenterten **gelenzt**.

Die Technik des Lenzens läuft folgendermaßen ab (der Ablauf wird nur für eine Seite beschrieben, da der Ablauf auf der anderen Seite entsprechend erfolgt):

✱ Der Retter bringt die **Bugspitze** des gekenterten Kajaks auf der rechten Seite **auf seine Cockpithöhe**. Dabei muß er gleichzeitig versuchen, das gekenterte Boot in eine zum eigenen Kajak **rechtwinklige Position** zu bringen.

✱ Wenn dies soweit gegeben ist, greift er mit der linken Hand **auf das Kajak** und mit der rechten Hand **unter die Bugspitze** *(Abb. 24)*:

Diese Haltung ist äußerst ungewöhnlich und auch anstrengend. Die Hand auf dem Boot ist aber sehr wichtig, da man sich mit ihr auf dem gekenterten Boot abstützen kann, was die Gefahr, bei der Bergung selbst zu kentern, stark verringert. Das gekenterte Boot wirkt dabei wie ein Ausleger, weshalb man sich darauf ohne Bedenken abstützen kann. Der Nachteil dieser Haltung ist sehr deutlich: Man kann nur eine Hand einsetzen, um den folgenden Schritt zu bewerkstelligen:

✱ Der Retter zieht die **Spitze des Kajaks** vor sich **auf das eigene Boot** *(Abb. 25)*:

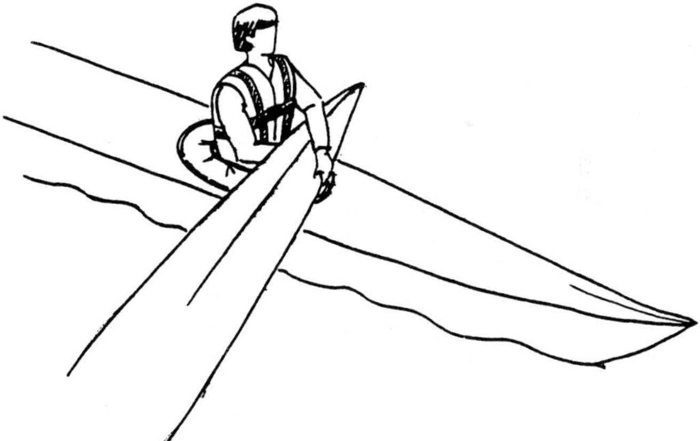

Das kann man unterstützen, indem man das Boot nach rechts zur Spitze hin **ankantet** und diese dann über den Cockpitrand zieht. Durch das Zurückkanten kommt dann die Spitze aus dem

Wasser, und man kann das **Kajak über das eigene Boot ziehen**. Dabei soll das gekenterte Kajak möglichst **mit dem Unterwasserschiff nach oben** liegen. Wenn nun das Kajak langsam herausgezogen wird, läuft das Wasser durch die Schräglage des Kajaks aus der Sitzluke.

✱ Hat man das Kajak bis zum Cockpit aus dem Wasser gezogen, kann man durch **Wippen** fast das gesamte Wasser lenzen (*Abb. 26*):

Abb. 27

✱ Ist das geschehen, wird das Boot **gedreht**, und man läßt es ins Wasser zurückgleiten (*Abb. 27*).

Es folgt die Phase, in der der Gekenterte **wieder einsteigt.** Dazu gibt es zwei verschiedene Methoden. Die eine wird als Parallel-Rettung (auch X- oder H-Rettung) bezeichnet, die andere heißt Y-Rettung.

Die Parallel-Rettung

Bei der Parallel-Rettung liegen die Boote **nebeneinander** (Bug-zu-Bug oder Bug-zu-Heck).

✱ Der Rettende hält das **rechts neben ihm liegende** Boot nach der Lenzung an beiden Seiten des Cockpitsüllrands fest *(Abb. 28)*:

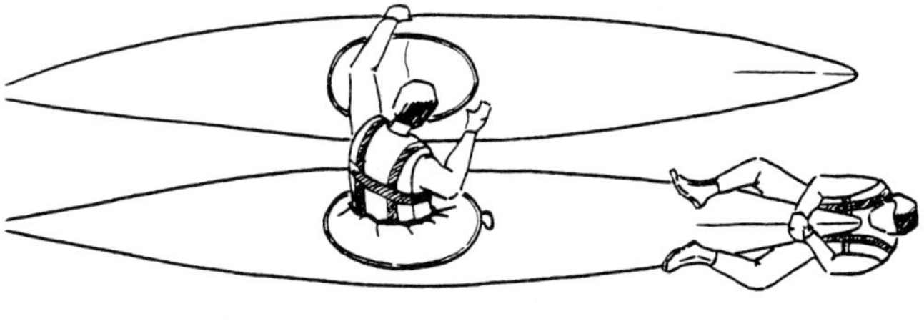

✱ Der Gekenterte hangelt sich von der Spitze an die Seite seines Kajaks und **steigt** von außen in sein Boot **ein**.

Bei der Bug-zu-Bug-Lage kann er sich vor oder hinter dem Retter **auf die Boote ziehen**. Das ist die für den Gekenterten anstrengendste Phase. Durch eine im Wasser hängende **Tritt-schlaufe**, die am Boot oder am Paddel, das der Retter hält, befestigt wird, kann dieses Herausziehen unterstützt werden. Man tritt dazu mit einem Fuß in die Schlaufe und "steigt" aus dem Wasser *(Abb. 29)*:

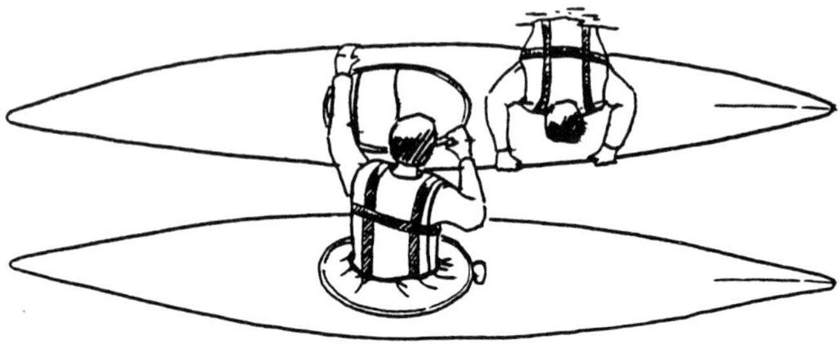

Abb. 29

✱ Wenn der Gekenterte über den Booten liegt, kann er erst einmal verschnaufen. Danach dreht er sich in die Sitzposition und rutscht in sein Cockpit *(Abb. 30)*:

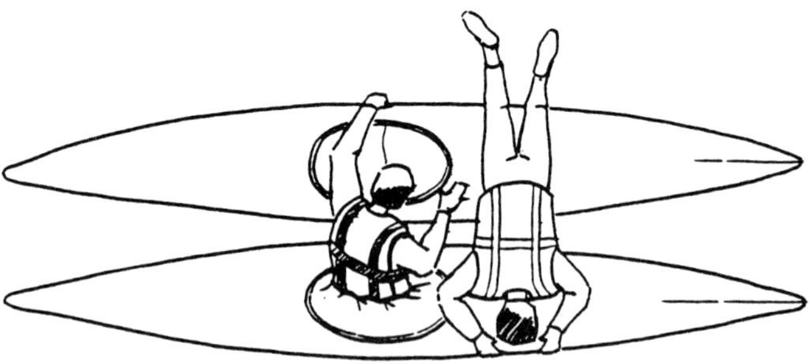

Hat das Seekajak eine große Einstiegsluke, so ist es möglich, sich in den Sitz zu setzen und dann die Beine unter Deck zu bringen.

Ist die **Sitzluke zu klein** für diese Technik (dies ist häufig bei den englischen Booten der Fall), so muß man hinter der Sitzluke sitzend in den Sitz rutschen. Bei dieser Technik empfiehlt es sich, sich **hinter dem Retter** auf die Boote zu ziehen.

So spart man sich das Umsetzen von der Sitzposition vor dem Sitz zur Sitzposition hinter dem Sitz *(Abb. 31)*:

Das läßt sich natürlich umgehen, indem man die Boote **Bug-zu-Heck** nebeneinander legt. Dadurch kann sich der Gekenterte **vor** dem Retter, aber **hinter** seiner Sitzluke heraufziehen *(Abb. 32)*:

Bei Booten mit Steueranlage muß sich der Gekenterte aber an der Steueranlage vorbeihangeln, was ein gewisses Verletzungsrisiko in sich birgt. Das Abwägen der jeweiligen Risiken muß in der entsprechenden Situation erfolgen und kann nicht im voraus geschehen.

✱ Wenn der Gekenterte wieder im Boot sitzt, wird, wenn nötig, das **Restwasser gelenzt** und die **Spritzdecke geschlossen**. Der Retter **sichert während der gesamten Zeit** weiterhin das andere Kajak.

☝ Es ist sehr wichtig, daß der Retter dem Geretteten in die Augen schaut und sich vergewissert, ob dieser einen **klaren Blick** hat oder ob er noch **unter Schock** steht. Nur wenn der Gerettete klar ist, wenn er also nicht unter Schock steht und auch kräftemäßig in der Lage ist weiterzufahren, können sich die Kajaks wieder trennen.

Die Y-Rettung

Die Y-Rettung beginnt mit der oben beschriebenen **Lenzung** des Kajaks. Die Boote liegen bei der Y-Rettung immer in der Position **Cockpit-zu-Bug**.

✱ Der Retter umgreift die **Spitze** des gekenterten Kajaks und hält sie im **Schwitzkasten**. Das Cockpit des gelenzten Kajaks befindet sich etwa auf Höhe der Spitze des Retter-Kajaks. Der Gekenterte bewegt sich nun **zwischen** die Kajaks und legt je einen Arm auf ein Kajak *(Abb. 33)*:

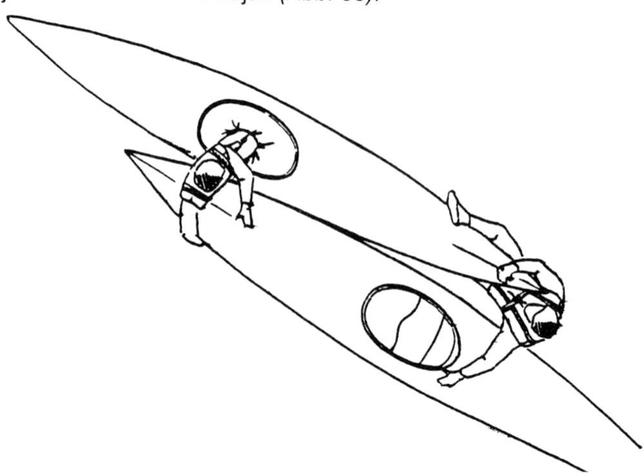

✱ Danach legt er ein Bein auf das Boot des Retters und das andere in die Sitzluke des eigenen Kajaks *(Abb. 34)*:

Abb. 35

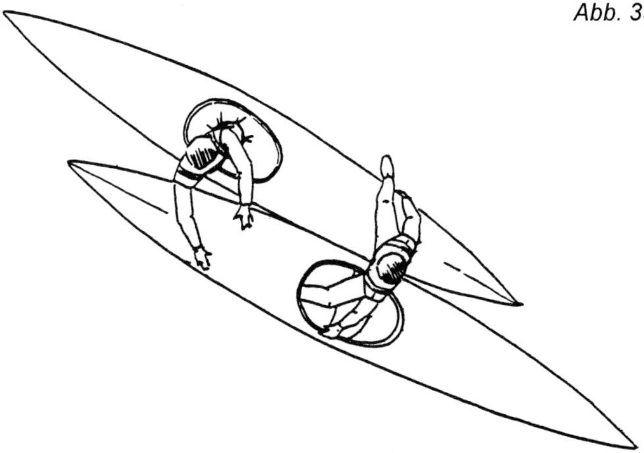

✱ Jetzt zieht der Gekenterte **die Boote zusammen**, so daß er **auf beide Kajaks zu sitzen** kommt. Der Retter versucht durch den Schwitzkasten, das Wegdrehen des Kajaks zu verhindern *(Abb. 35)*.

✱ Wenn die Kajaks zusammen sind und der Hintern oben ist, legt man das andere Bein ebenfalls in die Sitzluke. Die Arme halten noch immer die Kajaks zusammen. Nun rutscht man langsam in das Kajak, wobei man sich aber stets auf dem anderen Kajak abstützt *(Abb. 36)*:

Ist das geschafft, werden beide Kajaks mit dem Cockpit nebeneinander gebracht. Die weitere Prozedur verläuft ebenso wie bei der Parallel-Rettung.

Rettung, wenn beide im Wasser sind

Wenn beide im Wasser sind, wird das erste Boot genauso **gelenzt** wie bei der Parallel- und der Y-Rettung, nur mit dem Unterschied,

✱ daß das Boot **über das oben liegende Unterwasserschiff** des zweiten Kajaks geschoben wird.

✱ Wenn das Boot gelenzt ist, werden beide Boote mit der Spitze **nebeneinandergelegt**. Der eine **umfaßt beide Spitzen** mit je einem Arm, und der Zweite **steigt** zwischen den Booten wie bei der Y-Rettung **ins Kajak**.

✱ Der Zweite kann dann mit Parallel- oder Y-Rettung herausgeholt werden.

Die Eskimorettung

Bei der Eskimorettung bleibt der Gekenterte in seinem Kajak sitzen.

✱ Er beugt sich weit vor, schlägt mit den Händen auf den Kajakrumpf, um die **Aufmerksamkeit** der anderen zu erregen, und bewegt dann die Arme auf Cockpithöhe durchs Wasser, um die **Bootsspitze des Retters zu ertasten**. Je weiter er sich vorbeugt, desto weiter kann er über das Wasser greifen.

✱ Der Retter fährt mit seiner Bootsspitze möglichst **rechtwinklig auf die Höhe des Cockpits** des gekenterten Bootes. Der Gekenterte **ergreift die Spitze** und zieht sich an ihr hoch.

Es ist auch möglich, daß der Retter parallel zum Gekenterten heranfährt und das **Paddel** auf Höhe des Cockpits **über beide Boote** legt. Der Gekenterte kann sich dann am Paddel hochziehen. Ich rate aber von dieser Technik wegen **Sicherheitsbedenken** ab: Der Gekenterte kommt zwischen beiden Kajaks nach oben. Da die Boote dicht nebeneinanderliegen, sind Kopf- und Halspartie stark **verletzungsgefährdet**.

Aber auch die erste Methode ist nicht ganz ungefährlich, da das Kajak unerwartet durch die Wellen beschleunigt werden kann. Dadurch und auch durch andere Einflüsse kann man auf das andere Boot auffahren oder die Hand des Gekenterten durch das Anfahren verletzen. Es ist daher sehr wichtig, daß die Hände **gleichmäßig durchs Wasser bewegt** werden.

Alles in allem kommt die Eskimorettung nur **ausnahmsweise** als Rettungsmethode in Frage. Einige Gründe dafür seien kurz erwähnt:

* Häufig liegen die Boote zu weit auseinander, wodurch der Retter zu lange für das Heranfahren braucht.

* Das Klopfsignal ist nicht laut genug, um gehört zu werden.

* Die Verletzungsgefahren sind zu hoch.

Rettung mit dem Paddelfloat

Der Einstieg mit dem Paddelfloat ist neben der Eskimorolle die motorisch **anspruchsvollste** Technik. Sie verlangt wirklich sehr viel Übung und auch Kraft. Das ständige Training dieser Technik ist daher sehr wichtig.

* Wenn man gekentert ist, nimmt man das **Paddelfloat** vom Deck des Kajaks und bläst es auf. (Es gibt auch Paddelfloats mit Kohlendioxidpatrone. Ihr Nachteil ist aber, daß sie nur einmal ausgelöst werden können.)

* Jetzt wird das Paddel mit dem freien Paddelblatt **hinter die Sitzluke** gelegt. Das Paddelblatt mit dem Paddelfloat liegt auf der linken Seite (die Übung wird wieder nur für eine Seite beschrieben, da sie auf der anderen Seite ebenso gehandhabt wird).

* Man selbst befindet sich auf der linken Seite auf Höhe des Cockpits mit Blickrichtung nach hinten. Die linke Hand **sichert** das Paddel hinter dem Cockpit, indem sie sowohl Cockpitsüllrand als auch Paddelschaft ergreift. Hier kann man sich teilweise mit anderen Befestigungsmitteln wie Decksleinen u.ä. behelfen.

* Die rechte Hand **ergreift das Paddel** weiter unterhalb des Schaftes und hält das Paddel so, daß es in etwa rechtwinklig zum Boot steht und so als Ausleger die optimale Wirkung entfaltet.

Jetzt stützt man sich auf das Paddel und legt das rechte **Knie über den Paddelschaft** (*Abb. 37*):

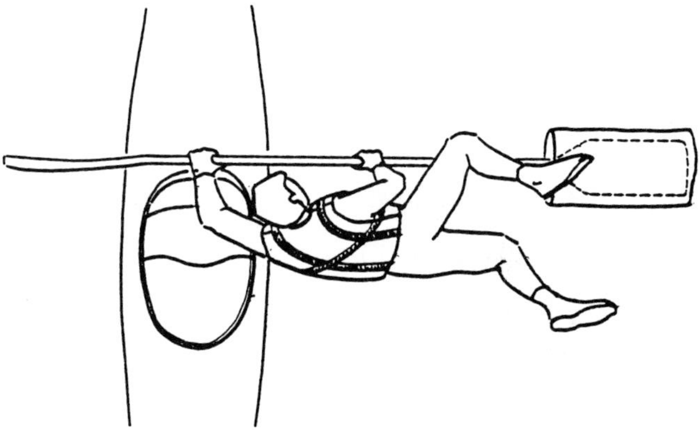

✱ Die rechte Hand greift an die Stelle der linken Hand. Das linke Bein **stabilisiert jetzt das Paddel** *(Abb. 38)*:

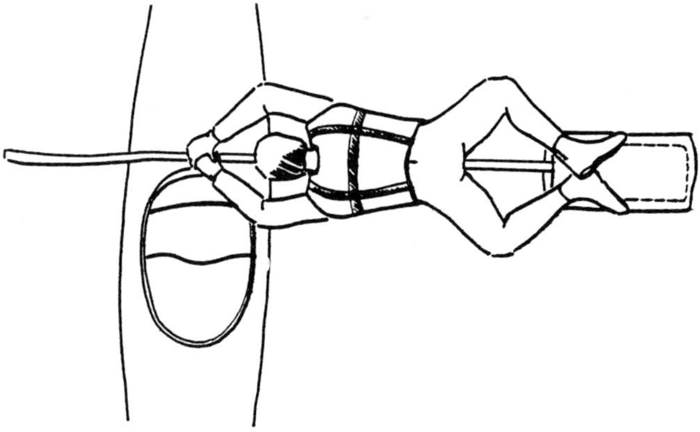

✱ Nun **dreht man sich so**, daß man **auf das Paddel zu sitzen** kommt. Dazu legt man das linke Bein auf das Paddel und stabilisiert es so, während man sich dreht und das rechte Bein in die Sitzluke legt (*Abb. 39*):

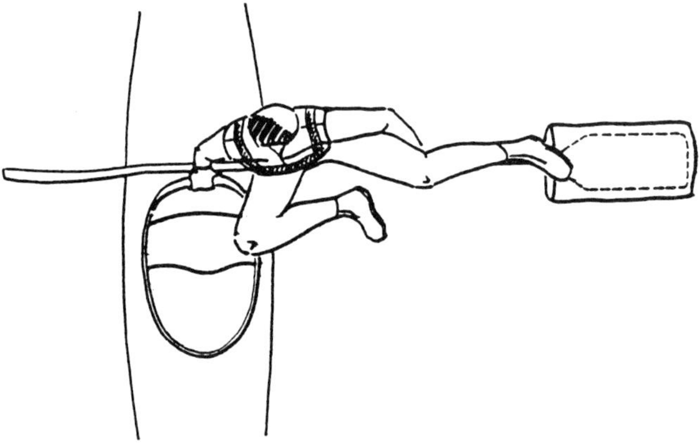

✱ Die linke Hand greift an den unteren Teil des Paddelschafts und hält das Paddel auf Position. Nun kann das rechte Bein **ins Cockpit** gelegt werden, und man rutscht auf den Sitz (*Abb. 40*):

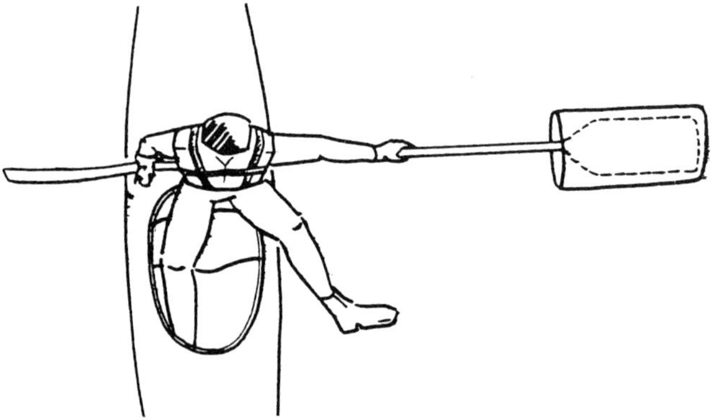

✱ Nun muß das Boot, wenn möglich mit einer Pumpe, **gelenzt** werden. Im Anschluß daran ist man wieder fahrtüchtig (*Abb. 41*):

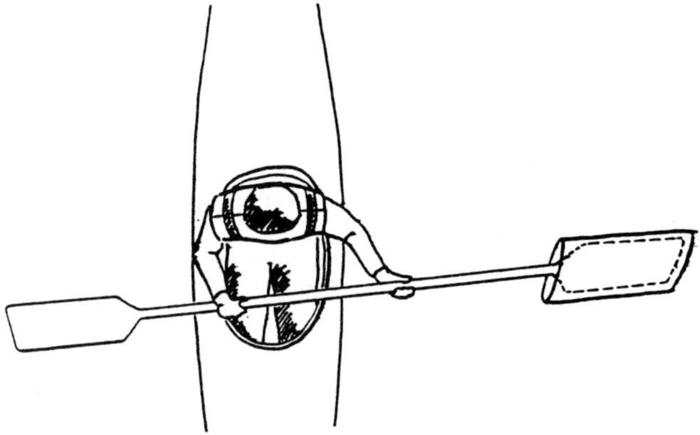

Ich möchte noch einmal darauf hinweisen, daß diese Methode **sehr schwierig und anstrengend** ist und der **ständigen Übung** bedarf.

Rettung eines Zweierkajaks

Die Rettungsmethode für ein Zweierkajak gleicht der Rettung mit Paddelfloat. Der Vorteil, den man beim Zweierkajak hat, besteht in der Möglichkeit, daß der Partner das Kajak während des Einstiegs **stabilisieren** kann. Befindet sich dieser im Wasser, so kann er sich dazu an die Spitze hängen, sitzt er bereits im Kajak, kann er mit Paddelstütze oder auch mit dem Paddel und einem zweiten Paddelfloat als Ausleger das Boot stabilisieren.

Abschleppen

Das Schleppen eines anderen kann durch verschiedenste Umstände wie Entkräftung, Verletzung usw. notwendig werden.

✱ Das Abschleppseil sollte so konstruiert sein, daß es vom Schleppenden und vom Geschleppten **jederzeit schnell gelöst werden** kann. Es empfiehlt sich, daß ein Puffer, ein flexibles Teilstück, die ruckartigen Bewegungen abschwächt.

Die Länge des Abschleppseils richtet sich nach dem Seegang und anderen Umweltfaktoren. Bei starkem Seegang sollte immer eine größere Länge gewählt werden.

Für das Abschleppen gibt es verschiedene Kombinationsmöglichkeiten. Ich gehe erst einmal von **zwei Paddlern** aus:

✱ Wenn der Geschleppte noch in der Lage ist, sicher in seinem Boot zu sitzen, so zieht man ihn an einer langen Leine hinter sich her.

Die Leine sollte beim Geschleppten möglichst **über die Bugspitze** laufen, damit das Kajak nicht zu weit aus der Kurslinie herausläuft - beim Beschleunigen wird die Spitze dann immer wieder in die Kurslinie gezogen. Der Geschleppte sollte dies immer so unterstützen, daß sein Kajak möglichst im Kielwasser des Vordermanns läuft.

✱ Ist der Geschleppte nicht mehr in der Lage, sicher im Boot zu sitzen, so muß die **Spitze seines Bootes auf Höhe des eigenen Cockpits befestigt** werden. Zwar paddelt es sich so schwierig, aber nur so kann der Geschleppte stabilisiert werden.

Wenn man mit **drei oder mehr Paddlern** unterwegs ist, so bestehen mehrere Möglichkeiten:

✱ Kann der Geschleppte sicher sitzen, so zieht man ihn als **Tandem**, wobei alle drei hintereinander liegen.

✱ Ist das nicht der Fall, muß der Geschleppte also gestützt werden, so legt einer neben ihm an und bildet ein **kleines Floß**. So kann der Geschleppte versorgt werden.

Die Boote, die schleppen, können sich als Tandem vor das Floß legen und schleppen, sie können aber auch nebeneinander fahren.

Je mehr Paddler dabei sind, um so zahlreicher werden die Schleppmöglichkeiten. Beim Schleppen sollte man aber immer daran denken, daß man möglichst jemand **als Reserve zum Auswechseln** behält, falls die anderen ermüden.

Glossar

achtern	Seemänn. für "hinten".
Anhalt	Markantes Objekt, auf das man zusteuert, um den gewünschten Kurs zu halten.
Ankanten	Das Boot durch bewußtes Ankippen aus der normalen Lage bringen.
Dünung	Seegang, der einem Wind voraus- oder nachläuft. Der Seegang ist also ein Ergebnis eines Windes, der an einem anderen Ort weht.
Gieren	Nichteinhalten des Kurses aufgrund des Seegangs.
Kartennull	Bezugspunkt für die Wassertiefen, die in den Seekarten angegeben werden; 3 m Wassertiefe bedeuten also, daß das Kartennull 3 m über dem Meeresgrund liegt. Wird vom zuständigen Hydrographischen Institut festgelegt. In Deutschland ist das KN der Ostsee gleich dem mittleren Wasserstand, das KN der Nordsee gleich dem mittleren Spring-Niedrigwasser. Das KN stellt sicher, daß die Wassertiefe auf eine vergleichbare Weise ermittelt werden kann.
Kartentiefe	Die auf der Karte eingezeichnete Tiefe.
Kehlung	Konkave Wölbung im Paddel (vgl. Löffel).
Kiel	Unterkante des Schiffes.
Kielsprung	Abweichung des vorderen und hinteren Kiels von der Kielgeraden (der Kiel des Schiffes verläuft selten gerade) = Höhendifferenz zwischen Kiellinie und Wasserlinie.
Knoten	Seemeilen pro Stunde. Maß für die Geschwindigkeit in der Seefahrt. 1 kn = 1 sm/Std.
Koppeln	Vorausberechnen der Fahrtlinie auf der Grundlage einer geschätzten Geschwindigkeit und eines eines durchschnittlichen Kurses.

Kreuzsee	Ergebnis des Aufeinandertreffens von Dünung und Windsee.
Kurs	Fahrtlinie, die man mit dem Boot fährt.
Kurs durchs Wasser	Auf dem Wasser dem Kompaß gemäß zurückgelegter Kurs.
Kurs über Grund	Strecke auf der Karte, die man wirklich gefahren ist.
Kurszahl	Entspricht der Gradzahl des Kurses, liegt also zwischen 0° und 360°.
Lenzen	Das mit Wasser vollgelaufene Boot wieder entleeren.
Normalnull	Festgelegter Bezugspunkt für Höhen in der Geodäsie.
Paddelfloat	Aufblasbarer Kunststoffbeutel, der durch eine Art Tasche auf das Paddel aufgesteckt wird. Damit kann das Paddel als Ausleger benutzt werden.
Paddelstütze	Bei der Paddelstütze gewinnt man die Stützkraft durch den Auftrieb, den das Paddel hat.
Peilung	Linie mit Richtungsangabe (in Form einer Gradangabe auf dem Kompaß), in der man ein bestimmtes Objekt vom eigenen Standort aus sieht.
Peilungszahl	Entspricht der Gradzahl, in der man ein Objekt peilt; sie liegt also zwischen 0° und 360°.
Schott	Trennwand, die ein Boot in verschiedene Sektionen aufteilt.
Seemeile	1,852 km. Entfernungsmaß in der Seefahrt, das nicht auf dem metrischen System beruht, sondern einer Bogenminute am Äquator entspricht (Abk. sm).
Spant	Querschnitt der Rumpfform des Kajaks.
Spitzenbeutel	Aufblasbarer Kunststoffbeutel, der in die Spitzen des Kajaks gesteckt wird. Damit gibt er dem Kajak zusätzlichen Auftrieb und verhindert auf diese

	Weise, daß das Kajak bei einer Kenterung absinkt.
Spritzdecke	Lukenabdeckung. Man hat die Spritzdecke wie ein Kleid an und verschließt mit ihr im Sitzen das Cockpit, damit kein Wasser eindringen kann.
Stampfen	Auf- und Niederbewegung des Schiffes aufgrund des Seegangs.
Strom	Bewegung großer Wassermassen mit einer bestimmten Geschwindigkeit in eine Richtung. Die hier relevanten Strömungen werden durch Wind und Gezeiten hervorgerufen und haben keine konstante Richtung und Stärke.
Tidenfall	Höhendifferenz aus dem Hochwasser und dem nachfolgenden Niedrigwasser.
Tidenhub	Höhendifferenz aus dem Niedrigwasser und dem nachfolgenden Hochwasser.
Tidenstieg	Den Tidenstieg erhält man, wenn man die Summe aus Tidenhub und Tidenfall durch 2 teilt, also das arithmetische Mittel aus Tidenhub und Tidenfall ermittelt.
Unterschneiden	Das Paddelblatt läuft so durch das Wasser, daß kein Auftrieb auf das Paddelblatt wirkt, sondern das Paddel ins Wasser zieht.
Unterwasserschiff	Teil des Bootsrumpfes, der sich bei normaler Lage des Bootes unter der Wasserlinie befindet.
Versatz	Strecke, die man aufgrund verschiedener Einflüsse vom geplanten Kurs abweicht.
Vorhalt	Bewußt gewählte Abweichung vom Kurs, die bestimmte Einflüsse von Faktoren wie Wind, Wellen und Strömung ausgleicht.
Windsee	Der vom Wind aufgebaute Seegang.
Wriggen	Bewegen des Paddelblattes in Form einer Acht. Dadurch versetzt das Kajak seitlich, und man kann sich gleichzeitig auf das Paddel stützen.

Literatur

📖 Bundesamt für Seeschiffahrt und Hydrographie: *Sicherheit im See- und Küstenbereich.* Sorgfaltsregeln für Wassersportler. Bundesamt für Seeschiffahrt und Hydrographie: 1995.

📖 Foster, Nigel: *Seekajak.* Ausrüstung. Fahrtechnik. Sicherheit. Pollner-Verlag: 1996.

📖 Hodgson, M. & Schrader, M.: *Wetter.* Basiswissen für Draußen. Conrad Stein Verlag: 1994.

📖 Hutchinson, Derek: *Sea Kayaking.* A&C Black: 1994.

📖 Jacobson, Cliff: *Knoten.* Basiswissen für Draußen. Conrad Stein Verlag: 1996.

📖 Kummer, Reinhard: *Karte, Kompaß, GPS.* Basiswissen für Draußen Bd. 4, Conrad Stein Verlag: 1997.

📖 Neally, William: *Lustige Paddelschule.* Pollner-Verlag: 1997.

📖 Plaschke, F.-Peter: *Tafeln für die Küstennavigation.* Kompaß-Karte-Kurs; Distanz und Geschwindigkeit; Peilen, Gezeiten, Strom und Wind. 1994.

Verschiedene weitere Publikationen über Meteorologie können auch vom Seewetteramt bezogen werden:

Deutscher Wetterdienst. Seewetteramt. Postfach 301190. 20304 Hamburg.

Index

OUTDOOR HANDBUCH

BASISWISSEN FÜR DRAUSSEN

Erste Hilfe

OUTDOOR HANDBUCH

Notfälle treten immer plötzlich und völlig unerwartet auf. Es ist schwierig, unter dem Streß einer Notfallsituation adäquat zu reagieren. Dieses OutdoorHandbuch soll helfen, ein Handlungsschema im Kopf aufzubauen, damit Sie in brenzligen Situationen entsprechend reagieren können. Das gewonnene Erste-Hilfe-Wissen wird Ihnen die Angst nehmen und Ihnen in Notsituationen ein gutes Gefühl geben.

Der Autor vermittelt wichtiges Hintergrundwissen, da Maßnahmen leichter gelernt und durchgeführt werden, wenn man ihren Sinn kennt.

Des weiteren wird auch auf die typischen Outdoor-Notfälle eingegangen und aufgezeigt, wie kleinere Verletzungen selbst – zur Not auch mit wenig Erste-Hilfe-Material – behandelt und versorgt werden können.

DM 14,80

ISBN 3-89392-139-7

Conrad Stein Verlag
Eichkoppelweg 51, 24119 Kronshagen
0431/5458888, FAX 5458800 e-mail: outdoor@tng.de
http://outdoor.tng.de

OUTDOOR HANDBUCH

DER WEG IST DAS ZIEL

Polen: Kanutouren in Masuren

Krutinna & Masurische Seen

OUTDOOR HANDBUCH

Masuren, das Land der stillen Seen und dunklen Wälder gehört zu den schönsten und ursprünglichsten Landschaften Osteuropas. Wer sich per Kanu auf den gemächlich dahinströmenden Flüssen und kristallklaren Seen fortbewegt oder die Wälder zu Fuß oder per Fahrrad erwandert, der wird schnell vom Zauber dieser Landschaft gefangengenommen sein.

Autor Conrad Stein beschreibt aber nicht nur die Landschaft mit fünf Kanurouten, sondern auch ausführlich 17 Orte und Sehenswürdigkeiten zwischen Olsztyn (Allenstein) und Orzysz (Arys) sowie Wegorzewo (Angerburg) und Pisz (Johannisburg).

Masurenspezifische Reise-Informationen, Karten und Stadtpläne, zahlreiche Abbildungen und "Etwas Polnisch" runden das OutdoorHandbuch ab und machen es zu einem unverzichtbaren Begleiter.

DM 24,80

ISBN 3-89392-138-9

Conrad Stein Verlag
Eichkoppelweg 51, 24119 Kronshagen
☎ 0431/5458888, FAX 5458800 e-mail: outdoor@tng.de
http://outdoor.tng.de

... in allen Buchhandlungen

Lieber Leser, liebe Leserin,

wir vom Conrad Stein Verlag möchten Sie näher kennenlernen, damit wir unsere Bücher noch weiter verbessern und uns auf Ihre Bedürfnisse und Wünsche einstellen können. Bitte helfen Sie uns dabei und beantworten Sie die folgenden Fragen.

❶ *Wie alt sind Sie?* ☐ unter 20 ☐ zwischen 21 und 29 ☐ zwischen 30 und 39 ☐ über 40

❷ *Reisen Sie meist* ☐ allein ☐ zu zweit ☐ mit der Familie ☐ als Gruppe?

❸ *Mit welchen unserer Reise- und/oder OutdoorHandbücher sind Sie gereist? (Titel, Aufl., Jahr auf S. 2)*

1 .... 2 .... 3 ....

❹ *Waren Sie zufrieden mit dem Buch/den Büchern?* ☐ ja ☐ so lala ☐ nein

❺ *Wie fanden Sie (soweit vorhanden)*	sehr gut	gut	ausreichend	nicht gut
Aufbau und Übersichtlichkeit	☐	☐	☐	☐
Aktualität Adressen, Preise, ☏ FAX	☐	☐	☐	☐
Routenbeschreibungen	☐	☐	☐	☐
Lexikon/Glossar	☐	☐	☐	☐
Inhaltsverzeichnis und Index	☐	☐	☐	☐
Abbildungen	☐	☐	☐	☐
Karten/Pläne	☐	☐	☐	☐
Schriftgröße	☐	☐	☐	☐
Piktogramme/Symbole	☐	☐	☐	☐
Kalender/Maßstabsleiste	☐	☐	☐	☐
Anzeigen	☐	☐	☐	☐
Buchformat und -gewicht	☐	☐	☐	☐
Verarbeitung, Bindung	☐	☐	☐	☐
Preis-Leistungs-Verhältnis	☐	☐	☐	☐

b.w.

❻ *Wie reisen Sie im Land selbst?* (Mehrfachnennung möglich)

☐ Eigenes Auto ☐ Leihwagen ☐ Wohnmobil ☐ Bahn ☐ Bus ☐ Fahrrad
☐ Flugzeug ☐ Trampen ☐ Motorrad ☐ Kanu ☐ Wandern

❼ *Wie übernachten Sie hauptsächlich?* (Mehrfachnennung möglich)

☐ Hotel/Motel ☐ Campingplatz ☐ Jugendherberge/Backpacker
☐ Bed & Breakfast / Pension ☐ Wildcampen ☐ Apartment

❽ *Würden Sie wieder eines unserer Bücher kaufen?* ☐ ja ☐ nein

❾ *Kennen Sie unsere ReiseHandbücher?* ☐ ja ☐ nein
Wie gefallen Sie Ihnen? ☐ sehr gut ☐ gut ☐ nicht so gut

❿ *Welches Thema vermissen Sie bei den OutdoorHandbüchern?* ....
Welches Land/Gebiet/Insel vermissen Sie bei den ReiseHandbüchern? ....
Wenn Sie zusätzlich Kritik oder Lob loswerden wollen, legen Sie bitte ein extra Blatt bei. Danke.

☺ Als Dankeschön für's Mitmachen verlosen wir zum Ende jeden Jahres (unter Ausschluß des Rechtsweges) unter allen Einsendern 20 wertvolle Preise.

1. Preis: ein Tagesrucksack **2. Preis**: ein Fernglas 8x40 **3. bis 5. Preis**: je ein Kompaß
6. bis 20. Preis: je eines unserer ReiseHandbücher nach Ihrer Wahl.
(Wenn Sie eines unserer Bücher gewinnen, welches wünschen Sie sich? ....)

Wichtig! Nur ausreichend frankierte Einsendungen nehmen an der Verlosung teil. Bitte vergessen Sie Ihren Absender nicht.

Name: ....

Straße: .... PLZ/Ort: ....

☞ Kreuzen Sie bitte an, ob wir Ihnen unsere Verlagsprospekte zusenden sollen ☐ ja ☐ nein

OUTDOOR HANDBÜCHER

Basiswissen für Draußen

Band		DM
21	Angeln	14,80
22	Leben in der Wildnis	14,80
24	Ratgeber rund ums Wohnmobil	14,80
25	Wale beobachten	14,80
30	Spuren & Fährten	14,80
31	Canyoning	14,80
34	Radwandern	14,80
35	Mushing - Hundeschlittenfahren	14,80
36	Gesund unterwegs	12,80
39	Erste Hilfe	14,80
45	Solotrekking	14,80
48	Für Frauen	12,80
58	Fahrtensegeln	14,80
65	Seekajak Ausrüst. Techn. Navig.	12,80
68	Minimal Impact Outdoor - naturverträglich	12,80
69	Abenteuer Teeniegruppe (III/98)	14,80
70	Winterwandern (III/98)	14,80
72	Schnorcheln und Tauchen (I/99)	14,80
73	Trailreiten (I/99)	14,80

Der Weg ist das Ziel

17	Schweden: Sarek	24,80
18	Schweden: Kungsleden	22,00
19	Kanada: Yukon	22,00
23	Spanien: Jakobsweg -Die Hauptroute	24,80
26	West Highland Way (Schottland)	22,00
27	John Muir Trail (USA)	22,00
28	Landmannalaugar (Island)	22,00
29	West Coast Trail (Kanada)	22,00
32	Radtouren in Masuren (Polen)	24,80
33	Trans-Alatau (GUS)	22,00
37	Kanada: Bowron Lakes	22,00
38	Polen: Kanutouren in Masuren	24,80
40	Trans-Korsika - GR 20	24,80
41	Norwegen: Hardangervidda	22,00
42	Nepal: Annapurna	22,00
43	Schottland: Whisky Trail - Speyside Way	14,80
44	Tansania: Kilimanjaro	24,80
49	USA: Grand Canyon Trails	22,00
50	Kanada: Banff & Yoho Nationalpark-Tageswanderungen	22,00
51	Tasmanien: Overland Track	22,00
52	Neuseeland: Fiordland	22,00
53	Irland: Shannon-Erne	22,00
54	Südafrika: Drakensberge	22,00
55	Spanien: Pyrenäenweg GR 11	22,00
56	Polen: Drawa	19,80
57	Kanada: Great Divide Trails	22,00
59	Kanada: Wood Buffalo NP	19,80
60	Kanada: Chilkoot Trail	22,00
61	Kanada: Rocky Mountains - Radtouren	22,00
62	Irland: Kerry Way	22,00
63	Schweden: Dalsland-Kanal	24,80
64	England: Pennine Way (I/99)	22,00
66	Alaska Highway	24,80
67	USA: Appalachian Trail(II/99)	22,00
71	Spanien: Jakobsweg - Nebenrouten	22,00
74	Nordirland: Coastal Ulster Way (I/99)	22,00

Fernwehschmöker

46	Blockhüttentagebuch	24,80
47	Floßfahrt nach Alaska	22,00

☺ *Weitere Bände in Vorbereitung. Fordern Sie unseren aktuellen Verlagsprospekt an.*

... überall im Buchhandel